Second Edition Revised Printing

¡¡APRENDE ALGO!!

(¡Poemas para despertar el interés!)

Octavio DelaSuarée, Ph.D. | **Kenneth Cappetta, Ph.D.**

The William Paterson University of New Jersey

Kendall Hunt
publishing company

To the Students and Faculty in the Spanish Major Program at William Paterson University

Introduction

This second edition of ¡ *APRENDE ALGO* ! (*Poemas para despertar el interés*) Revised Printing has been modified to better fits its goal of developing the student's interest in learning about Spanish language and culture. As a result we have eliminated the stories included in the first edition and substituted them with easy-to-understand poems which are ideal to reinforce quick comprehension of the material. The poems have also been sequenced now in order of difficulty and understanding, the easiest at the beginning. Thus, *¡APRENDE ALGO!* is now a more simple reader structured around and intended to be used in first semester classes of beginning Spanish. This book is a grammar primer and reader consisting of easy to grasp poems which also have a message to boot.

In ¡ *APRENDE ALGO* ! (*Poemas para despertar el interés*), vocabulary and grammar are presented in an inductive, oral approach. The major focus of the exercises is to provide common conversational and structural speech. In as much as possible, students are encouraged by design to communicate and interact with both the instructor and fellow students in the classroom. Communicative exercises are intended to replicate real-life responses and situations. Following the oral directives, grammatical rules are presented.

The readings included in this text are ten rather short poems by noted Spanish authors, both from Spain and Latin America. The poems vary from the well known spicy gender criticism by the Mexican nun Sor Juana Inés de la Cruz and the all time favorite fable by Félix María de Samaniego, the classical sonnets "Soneto a Cristo crucificado" (anonymous) and "Al partir" by Gertrudis Gómez de Avellaneda, the popular "Canción del pirata" by the Romantic José de Espronceda, and the typical Argentinian poem "Martín Fierro" to more modern contributions by the Cuban José Martí with "La niña de Guatemala" and other various poems by the Dominican Salomé Henríquez Ureña and the Uruguayan Delmira Agostini. The reading were selected for their interest and simplicity while recognizing that the major concern might be unfamiliar vocabulary words. The main vocabulary of each poem is pointed out via lists and exercises. Comprehension exercises for each reading are designed for maximum student understanding and use. The TIPS sections are constructed as to present helpful clues to assist students with learning the language while the Cultural Capsule sections provide cultural notes as well as further conversational topics. Finally, by listing the main words of each reading and reviewing their cognates students are expected to attain familiarity with the readings. While this explanation may be considered lofty, student's pride in understanding "a real poem" can be attained. In pursuit of excellence and high expectations, the authors present this text book.

There are a number of people the authors wish to recognize for their friendship, their expertise and their support. Furthermore, we wish to thank our colleagues in the Department of Language and Cultures at The William Paterson University of New Jersey for their encouragement, motivation and assistance. We especially recognize Jim Miles, the university Multilingual Center Director, for his ideas, his enthusiasm, the art work and the pictures. We could not have gotten this project off the ground without the strong support and assistance provided by Ms. Lorraine Caruso, our department secretary. We also wish to thank John Scarlata for his encouragement. To all, thank you very much!

Octavio DelaSuarée

Kenneth Cappetta

Índice

Content

Spanish Names

I. TIPS: COGNATES

Cognates are your best friends to learn a language! Cognates (or "cognados") are words in English and Spanish that have almost identical spelling and meaning, and it's very easy to guess the message they convey. For instance, the words "revolution" in English and "revolución"are cognates. Or "accident" and "accidente". More than 50% of all the words you find in English will also have a Spanish cognate. So, as you begin to read Spanish, start looking for those cognates that will certainly help you make the study of the Spanish language so much easier and enjoyable!

There are two kinds of cognates: direct and indirect. Direct cognates are those practically impossible to miss: "conversación" for 'conversation', "presidente" for 'President', "profesor" for 'professor' "rápido" for 'rapid', etc. There are a lot of these words: "inteligente", "doctor", "dirección", "secretario", etc. Indirect cognates require a little bit more of guessing work, but again, it is not hard to grasp their meaning: "todo" for 'total', "último" for 'ultimate', "envidia" for 'envious', and so forth. Others "cognados" are "libertad" for 'liberty', "lección" for lesson, "universidad" for 'university', "amnistía" for 'amnisty', "asistido" for 'assisted', "reacción" for 'reaction', "terminar" for 'terminate', and so on.

Also keep in mind that a number of Spanish words have already found their way to enter the English vocabulary, such as "rodeo", "fiesta", "siesta", "amigo", "vamos", etc.

And remember that many names of states and cities in our country are of Spanish origin such as San Francisco, San Diego, San José, San Mateo, San Agustín. We also have Río Grande, California, Montana, Florida, Nevada, Arizona, Tejas, Sacramento, etc.

Direct Cognates:

1. el patio _____
2. la plaza _____
3. la lección _____
4. la celebración _____
5. el sandwich _____
6. la clase _____
7. la fiesta _____
8. el año _____
9. la televisión _____
10. la radio _____
11. la conversación _____
12. preparar _____
13. practicar _____
14. el tenis _____
15. mucho _____
16. la religión _____
17. la universidad _____
18. la escuela _____
19. el estudiante _____
20. la soda _____

Indirect Cognates:

1. la noche _____
2. todo _____
3. cuatro _____
4. el cine _____
5. último _____
6. la primera _____
7. morir _____
8. el diario _____
9. el joven _____
10. cuánto _____
11. la dama _____
12. diez _____
13. la puerta _____
14. el libro _____

15. malo _____

16. el esposo_____

17. alto _____

18. el cielo _____

19. vivir_____

20. fácil_____

II. VOCABULARIO DEL POEMA:

mover = to move
querer = to wish, want, love
cielo = heavens
infierno = hell
dejar = to leave, to stop
ver = to see
clavar = to nail
cuerpo = body
afrenta = affront
muerte = death
amor = love
manera = way, fashion
hubiese (from haber) = (helping verb) to have
amar = to love
temer = to fear
dar = to give
aunque = although
esperar = to wait for
lo mismo = the same thing
atribuir = to attribute

A. Poema:

"Soneto a Cristo crucificado"

(Poema anónimo. Atribuido a veces a Santa Teresa de Jesús y a San Juan de la Cruz)

No me mueve, mi Dios, para quererte
el cielo que me tienes prometido
ni me mueve el infierno tan temido
para dejar por eso de ofenderte.

Tú me mueves, Señor, muéveme el verte
clavado en esa cruz y escarnecido,
muéveme el ver tu cuerpo tan herido,
muévenme tus afrentas y tu muerte.

Muéveme, en fin, tu Amor de tal manera
que aunque no hubiese cielo yo te amara
y aunque no hubiese infierno te temiera.

No me tienes que dar porque te quiera,
pues aunque lo que espero no esperara
lo mismo que te quiero te quisiera. ✪

B. ¿Cierto o Falso?

1. "No me mueve, mi Dios..." es un poema religioso _____
2. Una persona dialoga con Dios _____
3. Esa persona le tiene miedo al infierno _____
4. Esa persona nunca ofende a Dios _____
5. La persona tiene un crucifijo en la mano _____
6. La persona que narra espera algo _____
7. La persona que narra no esta conmovida _____
8. Esta persona espera ir al cielo _____
9. Esta persona quiere mucho a Jesucristo _____
10. El poema no tiene muchos opuestos _____

C. Preguntas Personales. ¿Cierto o Falso?

1. A veces me gusta leer la Biblia _____
2. Yo soy una persona religiosa _____
3. La religión no es importante hoy día _____
4. La religión no es interesante _____
5. Las personas esperan algo de la religión _____
6. Los diálogos son necesarios _____
7. Mi familia es religiosa _____
8. La religión no debe estar en las escuelas _____
9. Las personas religiosas son honestas _____
10. No se puede estar con Dios y con el diablo _____

D. Escoja:

1. Un soneto es
   a. una composición muy larga
   b. un poema de amor
   c. una composición de 14 versos
2. Una paradoja tiene
   a. opuestos
   b. nunca confunde
   c. es siempre alegre
3. El poema es
   a. triste
   b. un díalogo íntimo con Dios
   c. una confesión

4. El poema es narrado por
  a. un religioso
  b. un pecador
  c. un policía
5. El narrador o la narradora
  a. quiere mucho a Dios
  b. vive en América
  c. estudia religión

III. VOCAB ULARIO GENERAL:

prometer = to promise
por eso = because of that
ofender = to offend
para = in order to, for
cruz = cross
escarnecer = to ridicule, mock
tener = to have
herir = to hurt, wound
en fin = finally
también = also
Dios = God
religión = religión
cura = priest
hermano = brother
hermana = sister
que = that, which
me = me, to me
ni = neither
tan = so
te = you, to you

IV. NOTAS GRAMATICALES Y EJERCICIOS COMUNICATIVOS (GRAMMATICAL NOTES AND COMMUNICATIVE EXERCISES):

A. Names:

Pedro
Marta
Luis
Estela
Miguel
Juana
Pepe
Laura

1. Me llamo   Rodrigo
                  Rosa
                  Esteban
                  Carmela
                  Pablo
                  Ana
                  Manuel
                  Ernesto
                  Julia

                  _____
                  _____
                  _____

2. Mi amigo(a) favorito(a) se llama _____

Mi papá se llama _____

Mi mamá se llama _____

Mi profesor de español se llama _____

                de historia _____

                de inglés _____

                de ciencia _____

                de matemáticas _____

3. Asking: What is your name?

    ¿Cómo se llama Ud.?
    • Me llamo señor González
    • profesora Díaz
    • María
    • Jorge
    • _____
    • _____
    • _____

    ¿Cómo te llamas?
    • Me llamo Rosa
    • Miguel
    • _____
    • _____
    • _____

¿Cómo	te	llamas?	
How	yourself	call	do you?

    What is your name?

    Now ask a classmate: ¿Cómo te llamas?
    And the reply is: Me llamo _____

B. Salutations:

   4. Pick a classmate by name and greet her or him by saying:

   Buenos días, _____

   Buenas tardes, _____

   Hola, _____

   5. Asking "how are you?":

   Call someone by name:

   _____ ¿Cómo está Ud.?

   _____ ¿Cómo estás?

   _____ ¿Qué tal?

   Responses:

   1. Bien. ¿Y tú?

   2. Muy bien, gracias. ¿Y usted (Ud.)?

   3. Regular.

   4. Así así

   5. No bien.

   6. No muy bien.

   7. No estoy bien.

C. Translations:

There are two (2) kind of translations: a literal translation and a meaningful translation:

   "Me llamo", meaningfully is:
   My name is

   Literally, "Me llamo" is
   I call myself

   Me llam – o
   Myself call - I

   There are two (2) ways of saying "You" in Spanish:
   "Tú" and usted (Ud.).

   "Tú" is used when talking to a friend or family member and "usted" (Ud.) is used when you wish to be more formal such as talking to your acquaintances, someone higher up in your job scale, someone you meet for the first time, and situations similar to that.

D. Definite and Indefinite Articles:

Definite Articles:

1. Saying or Expressing "the" = "el", "la", "los", "las"

   SAY "EL" BEFORE EACH WORD:
   libro
   diccionario
   amigo

"el"
- niño
- alumno
- periódico
- hombre
- padre
- papel
- lápiz
- problema
- programa

"El" (the) is referred as a masculine, singular, definite article. Nouns ending in "o" or referring to males ("hombre" = man) use "el" for 'the'. A large number of nouns ending in –"ma" come from the Greek language to designate universal and technological concepts and the like (for example; el sistema, el programa, el poema, el clima, el problema. Also notice they are all masculine and they all have English cognates). But: "la cama" = bed.

2. Feminine, singular, definite article ("la"):

SAY "LA" BEFORE EACH WORD:

"la"
- botella
- amiga
- niña
- tía
- escuela
- palabra
- pluma
- lección
- organización
- comunicación
- oportunidad
- responsabilidad
- nacionalidad
- madre
- luz
- lumbre
- clase

Nouns ending in "a", "e", "-ción", "dad", "umbre or referring to females ("mujer" = woman) use "la" for saying "the".

3. Plural Words

PRONOUNCE THESE WORDS WITH THE ARTICLES "los":

"los"
- amigos
- hermanos
- padres
- alumnos
- niños
- periódicos
- tíos
- primos

muchachos
libros
papeles
lápices
programas
problemas

REPEAT, using "las":
        amigas
        hermanas
        madres
        tías
        primas
        abuelas
"las"   plumas
        palabras
        escuelas
        universidades
        oportunidades
        lecciones
        conversaciones
        organizaciones

4. Now use the correct definite article for each noun:

    ____   amigo
    ____   hermanos
    ____   botella
    ____   tías
    ____   niña
    ____   alumnos
    ____   diccionario
    ____   palabras
    ____   madre
    ____   padre
    ____   lección
    ____   escuela
    ____   periódicos
    ____   programa
    ____   programas
    ____   organización
    ____   plumas
    ____   nacionalidad
    ____   hombre
    ____   muchachos

5. Make the following words plural:

el amigo _____
el diccionario _____
el hermano _____

el primo _____

el muchacho _____

el alumno _____

el niño _____

el estudiante _____

el padre _____

el sistema _____

el problema _____

el programa _____

el papel _____

el lápiz _____

el borrador _____

6. Make the following words also plural:

la pluma _____

la prima _____

la abuela _____

la hermana _____

la escuela _____

la muchacha _____

la amiga _____

la palabra _____

la lección _____

la conversación _____

la organización _____

la oportunidad _____

la aniversidad _____

la amistad _____

la necesidad _____

7. Now write the above words in the singular and plural with the definite articles:

_____

_____

_____

_____

_____

_____

_____

_____

_____

_____

_____

_____

_____

_____

_____

_____
_____
_____
_____
_____
_____

E. Plural Definite Article and Nouns:

el libro	los libros
el diccionario	los diccionarios
el amigo	los amigos
el hombre	los hombres
la botella	las botellas
la escuela	las escuelas
la palabra	las palabras
la amiga	las amigas
la lección	las lecciones
la oportunidad	las oportunidades

There are four (4) ways of expressing "the" in Spanish. They are "el", "la", "los", and "las".

To make a noun plural, you add "s" to the final vowel ("amigo" – "amigos"; "camisa" – "camisas", "padre" – "padres"), or "es" to the final consonant ("lección" – "lecciones"; "corazón" – "corazones"). Notice that when switching to the plural form the written accent on "-ón" disappears: "-ones".

F. Indefinite Articles: "a, an, some":

amigo
tío
primo
soldado
hermano
libro
"un"   cuaderno
profesor
papel
hombre
gabinete
problema
programa

_____

_____

_____

profesora
maestra
pluma
mesa
botella

"una"	taza
	silla
	casa
	lección
	administración
	oportunidad
	ciudad
	amigos
	primos
	soldados
	libros
"unos"	cuadernos
	hombres
	papeles
	problemas
	programas
	familias
	cosas
	casas
	profesoras
"unas"	mesas
	lecciones
	oportunidades
	ciudades
	mujeres

"Un, una" are translated as "a" or "an" (in front of a vowel in English), and "unos, unas" are translated as "some". Using an indefinite article means that the noun it modifies is not a certain or definite thing as opposed to a definite article which is certain, specific or definite.

G. Numbers 0–30:

cero		
uno	once	veinte y uno
dos	doce	veinte y dos
tres	trece	veinte y tres
cuatro	catorce	veinte y cuatro
cinco	quince	veinte y cinco
seis	diez y seis	veinte y seis
siete	diez y siete	veinte y siete
ocho	diez y ocho	veinte y ocho
nueve	diez y nueve	veinte y nueve
diez	veinte	treinta

Count off the numbers in sequence one student at a time followed by another one:
    0 5 10 15...

Count off the even numbers:
    2 4 6...

Count off the odd numbers.
    1 3 5...

Pick a number between 1 and 30 and let your classmates guess it: _____

Let students guess one's age between 17 and 30: _____

H. La hora. ¿Qué hora es?

Es mediodía.	It's noon.
Es medianoche.	It's midnight.
Es la una.	It's 1.00.
Es la una y diez.	It's 1.10.
Es la una menos cinco.	It's 12.55.
Son las dos y media.	It's 2.30.
Son las tres.	It's 3.00.
Son las cuatro y cuarto.	It's 4.15.
Son las cinco y veinte.	It's 5.20.
Son las seis.	It's 6.00.
Son las siete menos diez.	It's 6.50.
Son las ocho menos cuarto.	It's 7.45.
Son las ocho.	It's 8.00.
Son las nueve y veinticinco.	It's 9.25.
Son las diez en punto.	It's 10.00 sharp.
Son las once en punto.	It's 11.00 sharp.
Son las doce.	It's 12.00.
Son las siete de la mañana	It's 7 a.m.
Son las siete de la noche	It's 7 p.m.
Son las tres de la mañana	It's 3.00 a.m.
Son las 3 de la tarde	It's 3.00 p.m.
...de la mañana	Midnight to noon
...de la tarde	Noon 'til 6.00 p.m.
...de la noche	6.00 p.m. 'til midnight

1. What activities do you associate with the following times?

1. despertarse (to wake up)	**a.** Son las once de la noche
2. desayunarse (to eat breakfast)	**b.** Son las cinco de la tarde
3. acostarse (to go to bed)	**c.** Son las seis de la noche
4. las telenovelas (soap operas)	**d.** Son las siete de la mañana
5. salir del trabajo (leave work)	**e.** Es mediodía
6. la cena (supper)	**f.** Son las nueve de la noche
7. el almuerzo (lunch)	**g.** Son las ocho de la mañana
8. la merienda (snack)	**h.** Son las once menos cuarto de la noche
9. ver una película (to see a movie)	**i.** Son las once de la mañana
10. desvestirse (to undress)	**j.** Son las tres de la tarde

2. ¿A qué hora?

    a las nueve y media
    a las diez de la noche

Me acuesto	a las once y cuarto
	a las dos de la tarde
	a las tres de la mañana
	a las seis
	a las seis y cuarto
	a las seis y veinte
	a las siete de la mañana
	a las siete y media
	a las ocho en punto
	a las cinco menos cuarto
Me despierto	a las once de la noche
	a las siete de la mañana
	a las diez de la noche
	a las cinco de la tarde
	a las ocho de la noche
	a las once de la mañana
	a la una de la tarde
	a las dos y media de la mañana

3. ¿A QUÉ HORA?

EXAMPLES:

Yo me visto a las 7.00 de la mañana   I get dressed at 7.00
Yo tengo la clase de español a las nueve y treinta   I have the Spanish class at 9.30

4. STATE WHAT DO YOU DO AT THESE TIMES:

    1. ... a la una
    2. ... a las dos y media
    3. ... a las ocho de la noche
    4. ... a la una y veinte
    5. ... a las tres
    6. ... a las cinco menos cuarto
    7. ... a las diez de la mañana
    8. ... a las doce
    9. ... al mediodía
    10. ... a la medianoche

5. ¿A Qué hora?

EXAMPLE: (Times?)
    El desayuno   A las siete de la mañana

    1. Tomo el almuerzo   _____
    2. Tomo una merienda   _____
    3. Me acuesto   _____
    4. Me despierto   _____
    5. Me visto   _____
    6. Hago la tarea   _____

  7. Vuelvo a casa   _____

  8. Salgo de casa   _____

  9. Miro la televisión   _____

10. Llego a la universidad   _____

To express "at a certain time" "a" is used instead of "Es la" or "Son las".
"A las siete" means "At seven".
The hour is expressed by the number of thc hour: 1-12.

EXAMPLE: "Es la una" or "Son las diez".

Minutes from the 12 to 6 hours (12 → 6) are expressed by the hour and "y" the number of minutes. For example; "Son las 6 y 12"; Son las 2 y 30; Son las 10 y 20, etc.

Minutes between the 6 and 12 hours (6 → 12) require the following hour minus the number of minutes. For example: 8.40 → "Son las nueve menos veinte" (It's 20 to nine o'clock). "Menos" means minus, to or less.

If the minute is on the 6 instead of saying "treinta", "y media" is said.
For example: "Son las cuatro y media" → 4.30. (It's half past 4).

When the minute is on the 3 or 9, the word "cuarto" is used; cognate is 'quarter'.

EXAMPLE: "Son las cinco y cuarto" → 5.15 or "Son las once menos cuarto" → 10.45 (eleven minus a quarter).

I. The verb "ser" ⟶ to Be:

Rosa
Ángela
María
Juan
Esteban
Tito

_____

Soy = I am   _____

_____

norteamericano,a
argentina,o
italiano,a
irlandés,a
inglés,a
cubana,o

No soy = I am not   _____

guapo
fea
cariñoso
entretenida
amistosa
pesado
flaca

Eres = You are   gorda
simpática

antipático
inteligente
importante
interesante
amable
fuerte

_____
_____
_____

¿Eres = Are you?

Sí, soy

No, no soy

1. Ask a classmate a question, using "¿Eres + adjective?" and the classmate replies:
"Sí, soy..." or "No, no soy...".

EXAMPLE: "¿Eres simpático?".   Sí, soy simpático.
                                                No, no soy simpático.

...   ...
...   ...
...   ...

"Note that the adjective endings must agree with the nouns they are describing. For example:
            el chico simpático
    BUT   la chica simpática

            el libro difícil
    BUT   los libros difíciles

Most adjectives follow the noun described".

cobarde
grande
fuerte
valiente
poderoso,a
buena,o

Es → He is   malo,a
    She is   enérgico,a
    Is   pesimista
                     optimista
                     débil
                     popular
                     brutal
                     cruel

_____
_____
_____

¿Es?

Is he...?

Is she...?

Sí, es.....

No, no es.....

2. Ask questions using the above list to a classmate:

EXAMPLE: ¿Es valiente?.   Sí, es valiente
                                           No, no es valiente.

   ...   ...

   ...   ...

   ...   ...

J. Adjectives:

	simpáticos
	antipáticos
	alegres
	amables
Somos → We are	amistosos
	cariñosas
	fuertes
	trabajadoras
	populares
	estudiosos

Nouns

	alumnos
	amigas
	estudiantes
	norteamericanos
	trabajadores
	profesoras
	actores
	políticos
Sois(*) → You are	maestras
	vendedores
	soldados
	ingenieras
	obreros

(*) "The second person plural "Vosotros", "Vosotras" is mostly used in Spain. In Latin America and the U. S., the more popular form of the third person plural "Ustedes (Uds.)" is used.

1. Son → They are

        Las chicas son_____

        Los profesores son_____

        Los estudiantes son_____

        Los padres son_____

        Los amigos son_____

        Los enemigos son_____

        Las naciones son_____

        Las personas son_____

        Las universidades son_____

        Las casas son_____

        Los chicos son_____

¿Son.....? → Are they...?

2. Make questions using the above list of words

EXAMPLE: ¿Son Uds. americanos?   Sí, somos americanos.

                                           No, no somos americanos.

       ...   ...

       ...   ...

       ...   ...

3. Answer the following questions:

    1. ¿Son Uds. estudiosos?

    2. ¿Son Uds. sinceros?

    3. ¿Son Uds. de los Estados Unidos?

    4. ¿Son Uds. ricos?

    5. ¿Son Uds. jóvenes?

The verb "Ser" means "to be".

The conjugation of "ser" is:

soy	somos
eres	sois
es	son

"Ustedes son...." → You (pl) are

¿Son Uds......?" → Are you (pl)?

"Sí, somos..."

"No, no somos..."

V. CULTURE CAPSULE: SPANISH NAMES

Spanish family names differ from their usage in English. If John Smith marries Eileen Cooper the husband's name does not change but the wife's name does change. It is no longer Cooper; it's now Mrs. Eileen Smith, since Smith now becomes the family name (Lately, we see more and more women in the U.S. keeping their own family name before adding their husband's, as in Eileen Cooper Smith, but these are still the exceptions, not the rule). If they have two children, say Jay and Sue, their names will be Jay Smith and Sue Smith. Cooper is usually gone for good.

However, this does not happen in Spanish. Let's say we have

Juan Antonio (since Spanish given names are usually two and they are also used all the time!).

Juan Antonio Goméz González (yes, also in Spanish countries people always use both surnames as family name; Gómez, from the father's side, and González, from the mother's side in this case).

Juan Antonio Goméz González marries María de los Ángeles Pérez Prado. His name will remain the same but upon marriage her name will now be María de los Ángeles Pérez Prado de Gómez González. However, for practical purpose she may be called Señora Pérez de Gómez, dropping both maternal names (hers and his) but still keeping her own father's name (Pérez) as well as adding her husband's paternal name or first surname (Gómez).

María de los Ángeles Pérez Gómez will be called most likely by everybody.

So, they marry and have children, Roberto Pedro and Marta Estela Gómez Pérez. The family name is now *Goméz Pérez* (Gómez from the father's side) and Pérez (from the mother's). ✿

Education

I. TIPS: COGNADOS

In addition to learning Spanish vocabulary words, your range of English vocabulary will also increase. In addition to studying vocabulary, grammar is also examined. Grammar dictates how words are implemented for communication. Studying or analyzing Spanish grammar organizes how language operates and, more specifically, how it helps in using the English language more diversely. Communication mostly depends on language. The more vocabulary one has at their disposal and how to use that vocabulary expands thought and cognition. By learning a second language a student develops more effective and efficient language use.

There are also a lot of English verbs ending in *–ate* which in Spanish translate as regular ending *–ar* verbs. For example, look at these cognates: 'terminate" = "terminar", "reciprocate" = "reciprocar", etc.

A. Guess and Write the English Meaning:

1. originar_____
2. designar_____
3. legislar_____
4. facilitar_____
5. dominar_____
6. crear_____
7. frustrar_____
8. humillar_____
9. penetrar_____
10. fabricar_____
11. participar_____
12. exagerar_____
13. concentrar_____
14. estimar_____
15. dictar_____

B. Say in Spanish:

1. replicate_____
2. eliminate_____
3. fascinate_____
4. communicate_____
5. aggravate_____
6. masticate_____
7. illuminate_____
8. compensate_____
9. operate_____
10. estimate_____
11. associate_____
12. accelerate_____
13. investigate_____
14. laminate_____
15. conjugate_____

C. Guess the Name of the Following Subjects:

1. las matemáticas_____
2. la sociología_____
3. la psicología_____
4. la biología_____
5. la geografía_____
6. la antropología_____
7. la historia_____
8. el arte_____
9. la música_____
10. la química_____
11. el español_____

12. el francés_____

13. el chino_____

14. el racismo y el sexismo_____

15. la comunicación_____

D. Give the Spanish Equivalent:

Note: Do not capitalize subjects in Spanish!
Also, always use definite articles with names!
For example: Business = los negocios

1. Political Science_____

2. Marketing_____

3. Physics_____

4. Economics_____

5. Music_____

6. Liberal Arts_____

7. Japanese_____

8. Education_____

9. Radio and Television_____

10. French_____

11. Italian_____

12. Chemistry_____

13. Biology_____

14. Philosophy_____

15. History_____

E. ¿Qué hay en la clase?

	una pizarra
	unas tizas
	un reloj
	un mapa
Hay	muchos libros
	muchos alumnos
	una profesora
	un profesor
	una puerta
	una mochila
	muchos escritorios

"Hay" means 'there is' and/or 'there are'. Used as a question, "¿Hay?" also means 'Is there?' or 'Are there'?

II. VOCABULARIO DEL POEMA:

hormiga = ant
cigarra = cricket
cantar = to sing

bailar = to dance
verano =summer
provisiones = supply, stock
guardar = to keep
invierno = winter
comprender = understand
acogerse = to welcome, to shelter
abrigo = protection
estrecho = narrow
aposento = room
desproveida = without
sustento = food
mosca = fly
gusano = worm
trigo = wheat
centeno = rye
tabique = partition

A. Poema (Poem):

"La cigarra y la hormiga"

Fábula de

Félix María de Samaniego

A "Fábula" is a story whose characters are usually animals and there is always a moral ("moraleja") to the fable. The first fabulist was the Greek Aesop (Aesop's Fables). Two well known Spanish fabulists are Tomás de Iriarte and Félix María de Samaniego.

ENGLISH SUMMARY: This is a poem which narrates the story of the cricket and the ant.

> Cantando la cigarra
> pasó el verano entero,
> sin hacer provisiones.
> Allá para el invierno
> los fríos la obligaron
> a guardar silencio,
> y a acogerse al abrigo
> de su estrecho aposento.
> Se vio desproveida
> del preciso sustento
> sin mosca, sin gusano
> sin trigo, sin centeno.
> Habitaba la hormiga
> allí tabique en medio,
> y con mil expresiones
> de atención, y respeto,
> le dijo: Doña hormiga
> pues que en vuestros graneros

sobran las provisiones
para vuestro alimento,
prestad alguna cosa,
con que viva este invierno.
Esta triste cigarra,
que alegre en otro tiempo,
nunca conoció el daño,
nunca supo temerlo.
No dudéis en prestarme,
que fielmente prometo
pagaros con ganancias
por el nombre que tengo.
La codiciosa hormiga
respondió con denuedo,
ocultando a la espalda
las llaves del granero:
!Yo prestar lo que gano
con un trabajo inmenso!
¿Dime, pues, holgazana,
qué has hecho en el buen tiempo?
Yo, dijo la cigarra,
a todo pasajero
cantaba alegremente
sin cesar ni un momento.
¡Ola!, ¿con que cantabas
cuando yo andaba al remo?
Pues ahora que yo como,
baila, pese a tu cuerpo. ✪

B. ¿Cierto o Falso?

1. La hormiga trabaja todo el verano_____
2. La cigarra canta durante el verano_____
3. La cigarra no era trabajadora; la hormiga sí_____
4. Cuando hizo frío la cigarra dejó de cantar_____
5. La hormiga y la cigarra vivían juntas_____
6. Las hormigas trabajan constantemente_____
7. La hormiga le dice vaga a la cigarra_____
8. La hormiga le presta sustento a la cigarra_____
9. La hormiga quiere oir cantar a la cigarra_____
10. La hormiga le dice a la cigarra que baile_____

C. Preguntas Personales. ¿Cierto o Falso?

1. En la vida hay que trabajar_____
2. No se puede contar siempre con la ayuda de otros_____
3. Se disfruta en invierno la cosecha del verano_____
4. Cantar es alegre, pero no productivo_____
5. Bailar requiere más esfuerzo que cantar_____

6. Esta cigarra era bastante holgazana_____
7. La cigarra le cantaba a la gente_____
8. La cigarra tiene hambre; la hormiga no_____
9. Trabajamos para vivir_____
10. Las hormigas dependen de ellas mismas_____

D. Escoja:

1. La cigarra
   a. le canta a los pasajeros
   b. trabaja mucho
   c. no conoce a la hormiga
2. La hormiga
   a. no conoce a la cigarra
   b. trabaja todo el verano
   c. canta mucho
3. Nosotros trabajamos
   a. por necesidad
   b. por amor al Arte
   c. para engordar
4. La hormiga y la cigarra
   a. son enemigas
   b. son amigas
   c. son vecinas
5. La hormiga
   a. no piensa nada de la cigarra
   b. piensa que la cigarra canta bien
   c. piensa que la cigarra es holgazana

III. VOCABULARIO GENERAL:

granero = granery
sobras = excess
daño = harm
temer = to fear
faltar = to be lacking, missing
cerebro = brain
a pesar = in spite of
ocultar = to hide
perder = to lose
llaves = keys
por igual = the same
hacer = to do, make
prestar = to lend
espalda = back
deseos = wishes
prisa = hurry
mariposa = butterfly

alegre = happy

holgazana = lazy

flechas = arrows

IV. NOTAS GRAMATICALES Y EJERCICIOS COMUNICATIVOS (GRAMMATICAL NOTES AND COMMUNICATIVE EXERCISES):

A. Subject Pronouns:

Subject pronouns identify the subject or doer of a sentence. They are called subject pronouns because they take the place of common or proper nouns as the subject of a sentence. As such, their use is plentiful along with their English equivalent and their person and number. Memorize the following subject pronouns:

"yo" = I, first person, singular (1)

"tú" = you (familiar), second person, singular

"él" = he, third person, singular

"ella" = she, third person singular

"Ud. (usted)" = you (polite), third person, singular (2)

"nosotros" and "nosotras" = we, first person, plural

"vosotros" and "vosotras" = you, second person plural (3)

"ellos" and "ellas" = they, third person plural

"Uds. (ustedes)" = you, third person, plural

(1) "Yo" is usually ommited from the sentence and only used for emphasis. The verb ending indicates the subject involved. For example: "Estudi<u>o</u>" = I study. Same with "tú" and "nosotros".

When dealing with the third person, singular or plural, always use the subject pronoun. For example; "él estudia", "ella estudia', "Ud. estudia", to avoid misunderstandings.

(2) *Usted* is an abbreviation of "Vuestra Merced", Your Highness, always addressed as third person.

Also notice that both "tú" and "usted", usually abbreviated as "Ud", mean "you". "Tú" always has an accent and it is the equivalent of the old English form "thou". It is used when addressing friends and children. "Ud" is used when meeting people for the first time or older people or people in public positions; it is a form of respect. The plural of "Ud" is "ustedes", or "Uds".

(3) *Vosotros* and *vosotras* is used only in Spain. Ustedes is used throughout Spanish America and the U.S.

Become comfortable and familiar with the Spanish subject pronouns; their use is very prevalent.

B. Regular Ending Verbs: "ar"

All verbs express action or a state of being. Verbs ending in letter "r" , whether they end in -ar, -er or -ir, are in the infinitive form. That is, they are in the generic sense of the verb, in other words, they have not been turned into tense (present, past or future), person (I, You, He, She, We, etc.) or number (singular or plural) yet. In short, they have not been conjugated. The English word "to" always precedes the verb in translation.

A verb has two parts: a stem and an ending. The stem is the part of the verb minus the -ar, -er, -ir or an inflected ending. Example:

In "hablar", the stem is "habl" and the ending is "ar".

If we conjugate with the subject pronoun "yo" in the present tense, the stem remains "habl" and the ending is now "o".

The stem conveys the meaning of the verb and the ending conveys the tense, person and number.

EXAMPLE:

"hablo" = speak / I
"preparo" = prepare / I, etc.

Here's the present tense "yo" of regular –ar ending verbs:

	hablo
	canto
	preparo
	llevo
Yo	camino
	estudio
	miro
	practico

1. Make sentences matching column A with B:

	A	**B**
	hablo	la televisión
	estudio	con el profesor
	practico	la salsa
	preparo	a California
Yo	miro	inglés
	necesito	una "A"
	bailo	español
	viajo	Coca-Cola
	converso	para el examen
	tomo	el piano

The verb ending "o" tells you the subject is "I" or "Yo".

2. Call on someone and say:
   1. Tú caminas por la avenida.
   2. Tú escuchas la radio.
   3. Tú explicas las direcciones.
   4. Tú llegas a las diez de la mañana.
   5. Tú necesitas más práctica.
   6. Miras la televisión.
   7. Estudias matemáticas.
   8. Cantas en la bañadera.
   9. Trabajas mucho.
   10. Hablas dos lenguas.

Notice that the ending "as" can only be referring to the subject "Tú", just like the ending "o" above only referred to the subject "I".

3. Answer the following questions in the affirmative in the "yo" form:

Modelo: ¿Buscas tú una posición?
             Sí, busco una posición.

1. ¿Necesitas tú estudiar más?_____
2. ¿Llevas tú los libros a casa?_____
3. ¿Trabajas tú ocho horas?_____
4. ¿Esperas tú comprar un carro?_____
5. ¿Bailas tú el cha-cha-cha?_____
6. ¿Estudias la lección?_____
7. ¿Miras las fotos? _____
8. ¿Escuchas la música? _____
9. ¿Cantas bien?_____
10. ¿Practicas español en el laboratorio de lenguas?_____

4. Now answer the preceding questions in the negative:

Modelo: ¿Buscas tú una posición?
   No, no busco una posición.

1. _____
2. _____
3 _____
4. _____
5. _____
6. _____
7. _____
8. _____
9. _____
10. _____

5. Repeat the following sentences:
   1. Ud. mira las fotos.
   2. Ud. necesita descansar más.
   3. Ud. explica la lección a los alumnos.
   4. Ud. trabaja en la Universidad.
   5. Ud. habla español muy bien.

6. Make the preceding sentences into questions:

Modelo: Ud. escucha la radio
   ¿Escucha Ud. la radio?

1. _____
2. _____
3. _____
4. _____
5. _____

7. Repeat the following:
   1. Habla inglés y español.
   2. Practica el fútbol.
   3. Contesta correctamente.
   4. Desea tener más suerte.
   5. Compra un suéter.

Once we have established who the subject is, "él" or "ella" is understood. There's no need to repeat it every time.

8. Form sentences:

	habla	la lección
	prepara	más pesos
él	domina	inglés
ella	practica	las lecciones
Juan(*)	busca	las direcciones
el chico	explica	el tango
Juana	necesita	a Sud América
la muchacha	viaja	a la escuela
...	baila	una pluma
...	compra	una blusa
...	trabaja	en la Universidad
	compra	mocasines
	enseña	un sándwich

(*) Subject nouns such as "el chico" or "Juan" are also used with the 3rd person, singular ending of the verb.

9. Answer the following in the affirmative:
   1. ¿Habla francés el profesor?_____
   2. ¿Mira María a los niños?_____
   3. ¿Practica él con los otros chicos?_____
   4. ¿Estudia Juan sus lecciones?_____
   5. ¿Necesita trabajar más horas?_____

10. Answer the preceding questions in the negative:
   1. _____
   2. _____
   3. _____
   4. _____
   5. _____

11. Repeat the following:

	hablamos
	explicamos
	necesitamos
	llevamos
nosotros	caminamos
nosotras	cuidamos
	llegamos
	estudiamos
	preparamos
	conversamos

The "we" form of the verb comprises the stem plus the ending *-amos*.

Since *-amos* means "we", the subject pronoun "nosotros" or "nosotras" is often omitted. The "we" or "nosotros" / "nosotras" form of the verb is referred to as first person plural.

12. Conjugate the following verbs in the "nosotros" form:
   1. explicar
   2. trabajar
   3. practicar
   4. llevar
   5. enseñar
   6. buscar
   7. terminar
   8. hablar
   9. viajar
   10. desear

13. 'Vosotros' form

As stated before, "vosotros" and "vosotras" are only used in Spain. It means "you" plural.

   REPEAT:
   1. explicáis
   2. necesitáis
   3. habláis
   4. miráis
   5. llegáis
   6. enseñáis
   7. practicáis
   8. estudiáis
   9. representáis
   10. deseáis

14. "ELLOS, ELLAS, UDS"

Practice the following saying either "ellos", "ellas" or "Uds". Many times the subject pronoun is dropped since the ending conveys "they" or"you" plural. If there is ambiguity, use the subject pronoun:

	terminan
	hablan
	desean
	explican
ellos	compran
ellas	determinan
Uds.	asignan
	escuchan
	buscan
	llegan
	estudian
	preparan
	practican

15. Answer the following questions either affirmatively or negatively:

   Modelo: ¿Hablan ellos dos lenguas?
   • Sí, ellos hablan dos lenguas.

¿Hablan Uds. dos lenguas?
- No, nosotros no hablamos dos lenguas.

1. ¿Viajan por Europa?_____
2. ¿Compran Uds. dos billetes?_____
3. ¿Necesitan Uds. más dinero?_____
4. ¿Miran ellas la televisión?_____
5. ¿Escuchan el programa de radio?_____
6. ¿Llevan Uds. los libros a clase?_____
7. ¿Llegan a tiempo?_____
8. ¿Trabajan los chicos todos los días?_____
9. ¿Representan los políticos a la República?_____
10. ¿Conversan ellas con la directora?_____

C. Summary:

Summary of the present tense of regular -ar. The present tense conveys action or state of being which is currently going on. To conjugate means to translate tense, person and number rooted from the infinitive. This also can be called an inflection. The present tense is the stem of the verb plus the ending. The ending for -ar verbs are:

SINGULAR		PLURAL	
1st person:	–o	1st person:	–amos
2nd person:	–as	2nd person:	–áis
3rd person:	–a	3rd person:	–an

1. Give the infinitive of the following conjugated verbs:
   1. llegamos_____
   2. necesitamos_____
   3. explico_____
   4. miran_____
   5. practicas_____
   6. ayuda_____
   7. representa_____
   8. conversan_____
   9. bailo_____
   10. deseo_____
   11. llevan_____
   12. explicáis_____
   13. contestamos_____
   14. tomas_____
   15. viajo_____

D. The Present Tense of "Estar" (to Be) and Its Uses:

"Estar" is a verb similar to "ser" as they both mean to be. However, as "ser" refers to inherent characteristics and permanent features "estar", on the other hand, refers to:
   1. Places: "Estamos en clase" – We're in class (location).
   2. Greetings: "¿Cómo estás?" – How are you?
   3. Temporary Characteristics or State of Being (health, emotion, occupation): Hoy ella está enferma = She is sick today.

Él está triste = He is sad.

Estamos ocupados = We are busy.

4. The Progressive Form: "Estamos cantando" = We are singing (more forthcoming).

The Forms of "estar" are:

estoy	estamos
estás	estáis
está	están

1. Create sentences varying the verbs and expressions:

estoy	enfermo
estáis	en clase
está	bien
estamos	con mis amigos
estáis	aburrida
están	en Washington
	en frente de la clase
	tristes
	cansados
	malo
	confuso
	preparado
	cerca del hospital
	detrás del Centro de Estudiantes
	lejos de la Universidad
	...
	...
	...

E. Numbers 30 – 100:

30. treinta
31. treinta y uno
32. treinta y dos
33. treinta y tres
34. treinta y cuatro
35. treinta y cinco
36. treinta y seis
37. treinta y siete
38. treinta y ocho
39. treinta y nueve
40. cuarenta
50. cincuenta
60. sesenta
70. setenta
80. ochenta
90. noventa
100. cien, ciento

1. Read aloud and observe the similarity of sounds and their differences:

tres	trece	treinta
cuatro	catorce	cuarenta
cinco	quince	cincuenta
seis	sesenta	
siete		setenta
ocho		ochenta
nueve		noventa
(century)	cien, ciento	

2. "Cien" (100) is often used except when counting numbers over 100

EXAMPLE: ciento uno (101)
ciento diez (110)
ciento cincuenta (150)

SAY: 165_____
120_____
199_____
153_____
141_____

3. Think of a number 31–100 and have a classmate guess it saying "más" o "menos"

V. CULTURE CAPSULE: SPANISH EDUCATION

Education in Spanish countries is somewhat different in some aspects from the education we get in the United States, but in others it's pretty much the same. For instance, in Spain and Latin America education is public, free and mandatory for all students from 6 to 16 years old only. Many students from urban middle and upper class families attend private academies to prepare them for university studies. Often, those students are required to wear school uniforms. University students usually live with their parents or rent rooms in houses near the university. Most universities do not provide student dormitories. Some of the oldest and most prestigious universities are found in Spain and Latin America. Education in Spanish speaking countries is still the key toward upward socio-economic mobility.

Currently in Spain, there is a pressing political, linguistic and cultural issue with the 3 "autonomous" regions which are trying to break away from Spain's centralized government: Cataluña, the Basque Region, and Galicia, where Catalonian, Euskaro and Gallego are spoken respectively. These 3 areas are constantly debating the central government in Madrid to become more independent.

Immigration is also a very important issue facing Hispanic society today in general. In Spain, a lot of immigrants from North Africa and Latin America have taken advantage of Spain's relaxed immigration laws and are constantly arriving in Spain. In Latin America, due to lack of political liberties and repression, people are constantly trying to leave their countries and move to the United States and Europe.

One mandatory course that all students take in Hispanic school is called "Civics" in order to learn how to become a good citizen.

In Latin America, education follows the European Spanish model in most cases rather than the U. S. model. ☻

Family

© Brian A Jackson, 2011. Used under license from Shutterstock, Inc.

I. TIPS: COGNATES:

Another group of cognates which are very easy to remember are the "tion" – "ción" cognates. Words ending in "tion" in English translate for "ción" in Spanish: "conversation" for "conversación", "emotion" for "emoción", "coronation" for "coronación", etc.

A. Give in Spanish:

1. domination _____
2. carburation _____
3. creation _____

    4. lotion _____

    5. motion _____

    6. donation_____

    7. elation_____

    8. anotation _____

    9. duration _____

   10. fixation _____

B. Give in English:

    1. saturación _____

    2. exageración _____

    3. terminación_____

    4. respiración _____

    5. salutación_____

    6. trepidación_____

    7. manipulación _____

    8. narración _____

    9. oposición _____

   10. libación_____

II. VOCABULARIO DEL POEMA:

contar = to tell

cuento = story

morir = to die

enterrar = to bury

caja = box

dar = to give

volver = to return

casado = married

ir = to go

mujer = wife

beso = kiss

frente = forehead

entrar = to enter

río = river

poner = to place, put

nunca = never

amor = love

más = more

llamar = to call

ser = to be

A. Poema:

LA NIÑA DE GUATEMALA

por
José Martí

Quiero, a la sombra de un ala,
contar este cuento en flor:
la niña de Guatemala,
la que se murió de amor.

Eran de lirios los ramos,
y las orlas de reseda
y de jazmín: la enterramos
en una caja de seda.

...Ella dio al desmemoriado
una almohadilla de olor:
él volvió, volvió casado;
ella se murió de amor.

Iban cargándola en andas
obispos y embajadores:
detrás iba el pueblo en tandas,
todo cargado de flores.

...Ella, por volverlo a ver,
salió a verlo al mirador:
él volvió con su mujer:
ella se murió de amor.

Como de bronce candente
al beso de despedida
era su frente ¡la frente
que más he amado en mi vida!

...Se entró de tarde en el río,
la sacó muerta el doctor:
dicen que murió de frío:
yo sé que murió de amor.

Allí, en la bóveda helada,
la pusieron en dos bancos:
besé su mano afilada,
besé sus zapatos blancos.

Callado, al oscurecer,
me llamó el enterrador:
¡nunca más he vuelto a ver
a la que se murió de amor! ✪

B. ¿Cierto o falso?

1. El narrador tenía una novia _____
2. Los dos estaban muy enamorados _____
3. Los novios se casaron _____
4. El narrador se fue del país _____
5. El narrador regresó casado con otra mujer _____
6. La novia no quería verlo _____
7. La novia lo vio casado con otra mujer _____
8. La novia se fue a bañarse en la playa _____
9. La novia se suicidó _____
10. El cadáver de la novia desapareció _____

C. Preguntas personales. ¿Cierto o falso?

1. Los jóvenes de hoy no se enamoran a primera vista _____
2. Es muy complicado enamorarse de otra persona _____
3. La juventud es una edad conflictiva _____
4. El dinero no es importante para los enamorados _____
5. Se necesita mucho dinero para casarse hoy día _____
6. Ud. tiene un novio o una novia _____
7. Ud. piensa casarse pronto _____
8. Es muy bueno recibir regalos de boda _____
9. Las bodas de hoy día son unas grandes fiestas _____
10. Los padres no deben inmiscuirse en las relaciones de los enamorados _____

D. Escoja:

1. José Martí
   a. tenía mucho dinero
   b. tenía una sola novia
   c. no se casó en Guatemala
2. La novia de José Martí
   a. era guatemalteca
   b. se casó con otra persona
   c. nunca se había enamorado
3. La niña de Guatemala
   a. no es la protagonista del cuento
   b. murió ahogada
   c. estaba muy enamorada
4. El narrador
   a. nunca se casó
   b. no cuenta la historia
   c. viajaba mucho
5. Este es un cuento
   a. de felicidad
   b. de tragedia
   c. de odio

III. VOCABULARIO GENERAL:

callarse = to be quiet
ver = to see
oscurecer = dark
beso = kiss
banco = bench, bank
mano = hand
zapatos = shoes
bronce = bronze
candente = very hot
despedida = farewell
vida = life
mirador = overlook
salir = to go out, date
cargar = to carry
flores = flowers
detrás = behind
almohadilla = small pillow
olor = smell, fragancy
sombra = shadow
ala = wing, branch

IV. NOTAS GRAMATICALES Y EJERCICIOS COMUNICATIVOS (GRAMMAR NOTES AND COMMUNICATIVE EXERCISES):

1. Give the masculine and femenine plural of the following nouns:

EXAMPLE: el esposo, la esposa → los esposos, las esposas

1. el hermano, la hermana_____
2. el abuelo, la abuela _____
3. el hijo, la hija _____
4. el cuñado, la cuñada_____
5. el nieto, la nieta_____
6. el pariente, la parienta _____
7. el yerno, la nuera_____
8. el primo, la prima _____
9. el suegro, la suegra _____
10. el tío, la tía _____
11. el amigo, la amiga _____
12. el muchacho, la muchacha _____
13. el médico, la médica _____
14. el niño, la niña, _____
15. el novio, la novia _____
16. el chico, la chica _____

A. Descriptive and Nationality Adjectives:

2. Give the masculine and feminine plural word for the following descriptive adjectives:
    1. alto, alta _____
    2. antipático, antipática _____
    3. bajo, baja_____
    4. bueno, buena _____
    5. delgado, delgada _____
    6. flaco, flaca_____
    7. feo, fea_____
    8. gordo, gorda _____
    9. mismo, misma_____
    10. moreno, morena _____
    11. mucho, mucha_____
    12. pelirrojo, pelirroja _____
    13. pequeño, pequeña _____
    14. rubio, rubia_____
    15. simpático, simpático_____
    16. tonto, tonta _____
    17. viejo, vieja_____

If the adjective ends in letter "e" it is both masculine and feminine singular. Simply add letter "s" and it is both masculine and feminine plural.

EXAMPLE: grande, grandes

    18. importante _____
    19. interesante _____
    20. inteligente_____

If the adjective ends in a consonant like "fácil", it is both masculine and feminine singular. Add "es to make it masculine and feminine plural.

EXAMPLE: fácil → fáciles

    21. difícil_____
    22. trabajador _____
    23. joven _____
    24. azul_____
    25. gris _____

Adjectives of nationality follow the same rule as descriptive adjectives only when the adjective of nationality ends in letter "o".

EXAMPLE: americano, americana
           americanos, americanas

Note that adjectives of nationality are not capitalized in Spanish.

3. Give the masculine and feminine plural of the following adjectives of nationality:
    1. mexicano, mexicana_____
    2. peruano, peruana _____
    3. colombiano, colombiana _____

   4. venezolano, venezolana _____
   5. puertorriqueño, puertorriqueña _____
   6. dominicano, dominicana_____
   7. cubano, cubana _____
   8. argentino, argentina _____
   9. brasileño, brasileña_____
   10. chino, china _____
   11. italiano, italiana _____
   12. ruso, rusa _____
   13. canadiense _____
   14. sueco, sueca _____
   15. suizo, suiza _____

If the adjective of nationality ends in a consonant, it is masculine singular. To make the adjective feminine singular add letter "a". To make the adjective masculine plural add "es" and "as" to make it feminine plural.

Notice that when you make a masculine adjective feminine or plural, the accent usually disappears!

EXAMPLE:

"francés"	→	"francesa"
Masculine Singular		Feminine Singular
"franceses"	→	"francesas"
Masculine Plural		Feminine Plural

4. Make the following masculine singular adjectives of nationality plural:
   1. irlandés, irlandesa _____
   2. portugués, portuguesa _____
   3. inglés, inglesa_____
   4. alemán, alemana _____
   5. japonés, japonesa _____
   6. libanés, libanesa _____
   7. finlandés, finlandesa_____
   8. español, española _____
   9. danés, danesa_____
   10. holandés, holandesa _____

5. Say the nationality of the citizens of the following nations:
   1. Francia_____
   2. China_____
   3. La Argentina _____
   4. Alemania_____
   5. México_____
   6. El Perú _____
   7. Italia_____
   8. Rusia _____
   9. Costa Rica_____
   10. Nicaragua _____
   11. Portugal_____

12. El Canadá _____
13. La República Dominicana _____
14. Colombia _____
15. El Japón _____
16. España _____
17. Islandia _____
18. Chile _____
19. Inglaterra _____
20. Honduras _____

6. Note the word order of each second statement and then say the correct form concentrating on gender and number. Then change the adjective on the right side according to the example if necessary:

1. La chica es guapa.
   Es una chica _____

   1A. El chico es guapo.
   Es un chico *guapo.*

2. El muchaco es alto.
   Es un muchacho _____

   _____

3. La clase es interesante.
   Es una clase _____

   3A. El libro es interesante
   _____

4. La mujer es muy importante.
   Es una mujer muy _____

   4A. El hombre es muy importante
   _____

5. El niño es bueno.
   Es un niño _____

   _____

6. Los muchachos son rubios.
   Son muchachos _____

   _____

7. Los profesores son simpáticos.
   Son profesores _____

   _____

8. Los animales son flacos.
   Son animales _____

   8A. Los perros son flacos.
   _____

9. Las alumnas son estudiosas.
   Son alumnas _____

   _____

10. Las abuelas son viejas.
    Son abuelas _____

    _____

Adjectives must agree with the noun by gender and by number. Note the word order for these adjectives. Descriptive adjectives are generally placed after the noun they modify. Also notice that *most* adjectives follow the noun in Spanish as opposed to English (Compare: "the white house" vs "la casa blanca") and they always agree with the noun: "el perro blanco", "la gata negra". Matter of fact, only the following precede the nouns in Spanish:

1. articles: "el caballo", "una vaca".
2. numerals; "tres animales"
3. quantity adjectives: "varios amigos", "muchas personas"
4. Possessive adjectives; "mi casa", "su finca"

All other adjectives follow the nouns.

B. Possessive Adjectives:

1. Read the phrases:

	tío
	tías
	abuela
	abuelas
mi	amigo
mis	amigos
(my)	hermana
	hermanas
	primo
	primos
	profesor
	profesores
	profesora
	profesoras
tu	clase
tus	clases
your (familiar singular)	amiga
	amigas
	primo
	prima
	primos
	primas

2. Anwer the following sentences:
   a. ¿Dónde está tu clase?
   b. ¿Quién es tu hermano?
   c. ¿Cómo es tu amiga?
   d. ¿Cuál es tu clase favorita?
   e. ¿Es programador tu padre?
   f. ¿Dónde están tus clases?
   g. ¿Cómo se llaman tus hermanos?
   h. ¿Cómo son tus amigos?
   i. ¿Cuáles son tus clases favoritas?
   j. ¿Son maestros tus padres?

3. Read:

	tía
	hermano
	abuela
	novia
	primo
su	padre
sus	madre
his, her, your (familiar plural), their	tíos

hermanos
abuelos
primos
padres
madres

4. Answer the following questions:
  a. ¿Tiene Juan sus libros?
  b. ¿Busca la madre a su hijo?
  c. ¿Esperan ellos su autobús?
  d. ¿Necesitan Uds. su cuaderno?
  e. ¿Terminan Uds. su examen?
  f. ¿Estudian Uds. su tarea?

5. Read:

tíos
abuela
amigos
hermanas
nuestro   padres
nuestra   profesor
nuestros   primo
nuestras   hermana
prima
maestro
libros
lección
clase

The endings of possessive adjectives agree with the noun being modified, not with the person possessing the object. Study the meaning and forms of the following:

libro
your = tu, tus   libros
his, her, its, your, their = su, sus   pluma
our = nuestro, nuestra, nuestros, nuestras   plumas
your = vuestro, vuestra, vuestros, vuestras   profesor
my = mi, mis   profesora
profesoras
profesores
lección
lecciones
clase
clases
amigo
amigos
prima
primas

Do not confuse "nuestro, nuestra, nuestros, nuestras (our)" with subject pronoun "nosotros, nosotras (we)".

C. The Present Tense of Regular "-er" Ending Verbs:

Common *-er* Verbs are: aprender, correr, comer, comprender, creer, beber, leer.

    1. Form sentences:

	aprendo	un sándwich
	como	por el campo
	comprendo	una limonada
yo	leo	la lección
	corro	en Dios
	creo	a montar bicicleta
	bebo	la tarea
	aprendes	un sándwich
	comes	por el campo
	comprendes	una limonada
tú	lees	la lección
	corres	en Dios
	crees	a montar bicicleta
	bebes	la tarea
	aprende	un sándwich
	come	por el campo
	comprende	una limonada
él, ella, Ud.	lee	la lección
	corre	en Dios
	cree	a montar bicicleta
	bebe	la tarea
	aprendemos	un sándwich
	comemos	por el campo
nosotros	comprendemos	una limonada
nosotras	leemos	la lección
	corremos	en Dios
	creemos	a montar bicicleta
	bebemos	la tarea
	aprendéis	un sándwich
	coméis	por el campo
	comprendéis	una limonada
vosotros	leéis	la lección
vosotras	corréis	en Dios
	creéis	a montar bicicleta
	bebéis	la tarea
	aprenden	un sándwich
	comen	por al campo

ellos	comprenden	una limonada
ellas	leen	la lección
Uds.	corren	en Dios
	creen	a montar bicicleta
	beben	la tarea

D. The Present Tense of Regular "-ir" Ending Verbs:

Common *-ir* Verbs are: abrir, asistir, compartir, recibir, decidir, describir, vivir, escribir.

1. Form sentences:

	abro	la puerta
	asisto	a clases
	comparto	la habitación
yo	decido	lo mejor para mí
	describo	el accidente
	escribo	la tarea
	recibo	a mis amigos
	vivo	con mis padres
	abres	a clases
	asistes	la habitación
	compartes	lo mejor para mí
	decides	el accidente
tú	describes	la tarea
	escribes	a mis amigos
	recibes	con mis padres
	vives	la puerta
él, ella, Ud.	abre	la habitación
	asiste	lo mejor para mí
	comparte	el accidente
	decide	la tarea
	describe	a mis amigos
	escribe	con mis padres
	recibe	la puerta
	vive	a clases
	abrimos	a clases
	asistimos	la puerta
	compartimos	con mis padres
nosotros	decidimos	a mis amigos
	describimos	la tarea
	escribimos	el accidente
	recibimos	lo mejor para mí
	vivimos	la habitación
	abrís	la tarea
	asistís	el accidente

	compartís	lo mejor para mí
	decidís	la habitación
vosotros	describís	a clases
	escribís	la puerta
	recibís	con mis padres
	vivís	a mis amigos
	abren	la tarea
	asisten	el accidente
	comparten	a mis amigos
	deciden	con mis padres
ellos	describen	lo mejor para mí
ellas	escriben	la habitación
Uds.	reciben	la puerta
	viven	a clases

The regular "-ir" verbs are conjugated much alike the "-er" verbs except in the "nosotros" and "vosotros" forms. Note the verb endings for "-ar', "-er" and "-ir" forms below:

	Yo	**Tú**	**él, ella, Ud.**	**nosotros**	**vosotros**	**ellos, ellas, Uds.**
-ar	o	as	a	amos	áis	an
-er	o	es	e	emos	éis	en
-ir	o	es	e	imos	ís	en

E. The Present Tense of "Tener":

Subjects understood:

Tengo	un novio
Tienes	un carro
Tiene	un apartamento
Tenemos	poco dinero
Tenéis	un gato
Tienen	unos amigos

F. Idiomatic Uses of "Tener":

Subjects understood:

Tengo	razón
Tienes	20 años
Tiene	frío
Tenemos	hambre
Tenéis	cuidado
Tienen	miedo
	prisa
	calor
	sed
	sueño
	suerte

The expression "tener que + verb" in infinitive forms implies obligation, must in Spanish.
For example:

Tenemos que hablar español en clase.
Tenemos que comer para vivir.

estudiar
hablar con el profesor
escribir la tarea
Tengo que   comer temprano
leer más
pagar al empleado
usar la computadora

V. CULTURE CAPSULE: FAMILY STRUCTURE AND LIVING ARRANGEMENTS

The Spanish family unit consists of a father, a mother, and their children. Usually, the father has a regular job and the mother is a home maker. During many generations this was the typical "nuclear" family arrangement. However, since Spain joined the European Union in the 80's, things have changed a lot, and now it is not uncommon to find both father and mother in a family unit holding regular employment outside of the house. The children attend mandatory school from 6 to 16 years of age, and a lot of them join private institutions, many of them Catholic, though that too has been changing for the last years.

The "extended" Spanish family unit has been the traditional unit found in Spain for a very long time. In it, the married couple and their children lived along side with their grandparents, brothers and sisters, in-laws, uncles and aunts as well as cousins. The dwelling usually consists of a large structure with several rooms where the entire family lives. However, in recent years, many young people have been moving around to the big cities in search of employment, and only the elders remain at home. There has also been a lot of movement by people from region to region in search of better living arrangements and working opportunities. This was unheard of in the past, as Spaniards previously only moved to the capital, Madrid, where jobs had always been concentrated. This is no longer true.

In Spain as well as in Spanish American countries, the main meal of the day consists of lunch, which is rather elaborate and it is usually served at 2.00 pm, and it includes soup as well as 3 or more main dishes, plus bread, dessert and coffee. Wine is also a main fixture of the meal. This is the time of the day where Spaniards have traditionally been in contact with each other to share stories and tell their experiences. On the other hand, dinner is served late and is also very light. ✪

Sports

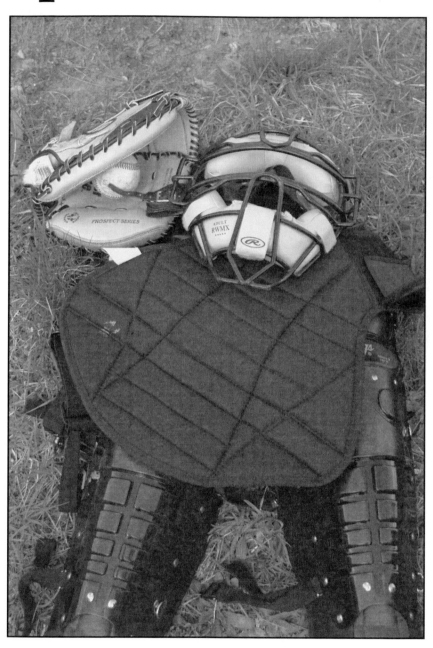

I. TIPS: COGNADOS

Many English words end in –tion and –ty. The Spanish cognates for these words end in –ción and –ad. For instance: "action = acción", "lesson = lección"; "city = ciudad"; "opportunity = oportunidad".

Likewise, more systematic and semantic suffix changes include words ending in "ty" in English; they uniformly end in "dad" in Spanish. Some examples are: "possibility = posibilidad"; "probability = probabilidad"; "variety = variedad"; "electricity = electricidad", etc.

A. Say in Spanish:

1. cooperation _____
2. litigation _____
3. memorization _____
4. donation _____
5. animation _____
6. sanity _____
7. reality _____
8. enmity _____
9. originality _____
10. creativity _____

B. Now Say in English:

1. relación _____
2. conección _____
3. admiración _____
4. colación _____
5. estimación _____
6. libertad _____
7. fraternidad _____
8. igualdad _____
9. anonimidad _____
10. calamidad _____
11. durabilidad _____

C. What Sports Do You Associate with the Following?:

1. Los Yankees de Nueva York _____
2. Los 49ers de San Francisco _____
3. Andrea Agassi _____
4. un bate, un guante y una pelota _____
5. cinco jugadores _____
6. nueve jugadores _____
7. 11 jugadores _____
8. Eli Manning _____
9. Mike Tyson _____
10. nadar en una piscina _____
11. Tiger Woods _____
12. una montaña cubierta de nieve _____
13. patinar en hielo _____
14. los esquíes _____
15. una red en el medio _____
16. Club Deportivo de La Coruña _____

D. What Words Do You Associate with the Following?

1. una carta _____
2. un restaurante_____
3. un teatro _____
4. un equipo de fútbol _____
5. Los Nets de Brooklyn_____
6. un deporte _____
7. hacer ejercicios _____
8. la catedral_____
9. el campo de fútbol _____
10. leer _____
11. un pueblo_____
12. una ciudad_____
13. una película_____
14. una telenovela_____
15. la religión_____
16. la natación_____
17. del viernes hasta el domingo _____
18. el arte _____
19. dibujar _____
20. montar una bicicleta _____

E. ¿Dónde Están? Emparéjelas:

A	B
1. Los Rockies	a. En Suiza
2. Los Poconos	b. En Pennsylvania
3. Los Pirineos	c. En Tibet
4. Los Apeninos	d. En el Perú
5. Los Alpes	e. En España
6. Los Himalayas	f. En Norteamérica
7. Los Apalaches	g. En Colorado
8. Los Andes	h. En Cuba
9. Sierra Morena	i. Entre España y Francia
10. El Escambray	j. En Italia

F. ¿Dónde se Hace...?

1. Esquío...	a. En un lago
2. Patino en hielo	b. En casa
3. Monto una bicicleta	c. En el mar
4. Nado en agua caliente	d. En una finca
5. Hago "surfing"	e. En una piscina
6. Veo pinguinos	f. En California
7. Veo osos blancos	g. En el Antártica
8. Canto en el baño	h. En el Ártico
9. Salto del trampolín	i. En el parque
10. Monto a caballo	j. En el Caribe

G. ¿Adónde Nadan...?

En una piscina
En el océano
En el mar
En un lago
Nadan   En el Atlántico
En el Mar Mediterráneo
En el Mar Caribe
En el Pacífico
En la bañadera

H. What Personalities Are Associated with the Following Sports?

1. Mariano Rivera
2. Martin Brodeur
3. María Sharapova
4. Pelé
5. Lance Armstrong
6. Seve Ballesteros
7. Mark Spitz
8. Joe Montana
9. Marion Jones
10. Los Dragones

a. El hockey
b. El tenis
c. El fútbol americano
d. La natación
e. El golf
f. El ciclismo
g. El fútbol
h. Campo y pista
i. Barcelona
j. El béisbol

I. ¿QuiÉn Es Jugador de Qué?

Ejemplo: Tiger Woods es jugador de golf.

1. _____
2. _____
3. _____
4. _____
5. _____
6. _____
7. _____
8. _____
9. _____
10. _____

J. Complete Each Sentence Based on Personal Stories:

1. Mi diversión favorita es _____
2. Los días del fin de semana son_____
3. Un lugar interesante es_____
4. Un lugar sobre el nivel del mar es _____
5. Mi pasatiempo favorito es _____
6. En mi tiempo libre yo _____
7. Mi mejor amigo,a es _____
8. El estudiante más trabajador de mi clase es_____
9. La estudiante más inteligente es _____
10. Mi actor o actriz favorito/a es_____

K. Preguntas Personales:

1. ¿Cuál es tu equipo favorito de fútbol?
2. ¿Cuál es tu favirito de béisbol?
3. ¿Cuál es tu equipo favorito de baloncesto?
4. ¿Dónde se esquía cuando hace frío?
5. ¿Dónde se nada cuando hace calor?
6. ¿Cuál es tu pasatiempo favorito?
7. ¿Qué periódico lees?
8. ¿Dónde nadas?
9. ¿Dónde haces tus tareas?
10. ¿Qué se necesita para jugar al tenis?

II. VOCABULARIO DEL POEMA:

cañón = canon
velero = sail boat
volar = to fly
mar = sea
viento = wind
bajel = boat
bravo = brave
confín = border
olas = waves
cantar = to sing
navío = boat
enemigo = enemy
rumbo = direction
torcer = to twist
presa = capture
despecho = in spite of
pendón = flag
patria = fatherland
virar = to turn
esclavo = slave

A. Poema:

"La canción del pirata"

por
José de Espronceda

Con diez cañones por banda,
viento en popa, a toda vela,
no corta el mar, sino vuela
un velero bergantín.

Bajel pirata que llaman,
por su bravura, *El Temido,*
en todo mar conocido
del uno al otro confín.

La luna en el mar riela
en la lona gime el viento,
y alza en blando movimiento
olas de plata y azul;
  y ve el capitán pirata,
cantando alegre en la popa,
Asia a un lado, al otro Europa,
y allá a su frente Istanbul.

Navega, velero mío
sin temor,
que ni enemigo navío
ni tormenta, ni bonanza
tu rumbo a torcer alcanza,
ni a sujetar tu valor.

Veinte presas
hemos hecho
a despecho
del inglés
y han rendido
sus pendones
cien naciones
a mis pies.

Que es mi barco mi tesoro,
que es mi Dios la libertad,
mi ley, la fuerza y el viento,
mi única patria, la mar.

Allá muevan feroz guerra
ciegos reyes
por un palmo más de tierra;
que yo aquí tengo por mío
cuanto abarca el mar bravío,
a quien nadie impuso leyes.

Y no hay playa,
sea cualquiera,
ni bandera
de esplendor,
que no sienta
mi derecho
y dé pecho
a mi valor.

Que es mi barco mi tesoro,
que es mi Dios la libertad,
mi ley, la fuerza y el viento,
mi única patria, la mar.

A la voz de "¡barco viene!"
es de ver
cómo vira y se previene
a todo trapo a escapar;
que yo soy el rey del mar,
y mi furia es de temer.

En las presas
yo divido
lo cogido
por igual;
sólo quiero
por riqueza
la belleza
sin rival.

Que es mi barco mi tesoro,
que es mi Dios la libertad,
mi ley, la fuerza y el viento,
mi única patria, la mar.

¡Sentenciado estoy a muerte!
Yo me río:
no me abandone la suerte,
y al mismo que me condena,
colgaré de alguna antena,
quizá en su propio navío

Y si caigo,
¿qué es la vida?
Por perdida
ya la di,
cuando el yugo
del esclavo,
como un bravo,
sacudí.

Que es mi barco mi tesoro,
que es mi Dios la libertad,
mi ley, la fuerza y el viento,
mi única patria, la mar.

Son mi música mejor
aquilones;
el estrépito y temblor
de los cables sacudidos,
del negro mar los bramidos
y el rugir de mis cañones.

Y del trueno
al son violento,
y del viento
al rebramar,
yo me duermo
sosegado,
arrullado
por el mar.

Que es mi barco mi tesoro,
que es mi Dios la libertad,
mi ley, la fuerza y el viento,
mi única patria, la mar. ✪

B. ¿Cierto o falso?

1. "El Temido" navega rápido. _____
2. "El Temido" es un barco legal. _____
3. "El Temido" se encuentra en Turquía. _____
4. "El Temido" gana muchas batallas. _____
5. "El Temido" es un barco independiente. _____
6. "El Temido" no es un barco pesado. _____
7. "El Temido" cuenta con su suerte. _____
8. La acción del poema es en el Mar Mediterráneo. _____
9. El enemigo del barco pirata son los ingleses. _____
10. La música de "El Temido" es la guerra _____

C. Preguntas personales. ¿cierto o falso?

1. Me gusta la literatura romática. _____
2. El ideal de Romanticismo es la libertad. _____
3. Los barcos veleros son ligeros. _____
4. Istanbul es la capital de Turquía. _____
5. El pirata lucha en contra de lo establecido _____
6. El barco es la posesión más valorada. _____
7. Dios es sinónimo de libertad. _____
8. El capitán a bordo ama la Belleza. _____
9. La vida no es importante para el pirata. _____
10. La vida del pirata es el mar. _____

D. Escoja:

1. Este poema
   a. es romántico
   b. es triste
   c. es alegre
2. Este poema
   a. es largo
   b. es elegante
   c. es español
3. El autor
   a. duerme mucho
   b. vive en Istanbul
   c. se siente libre
4. El velero
   a. no me mueve
   b. es bergartín
   c. es muy grande
5. La libertad
   a. no vale la vida
   b. pertenece a "El Temido"
   c. es preciada

III. VOCABULARIO GENERAL:

perder = to lose
condenar = to condemn
conocer = to know
luna = moon
alegre = happy
temor = fear
alcanzar = to reach
hacer = to do, make
rendir = to surrender
nación = country
ley = law
fuerza = force
única = only
mover = to move
feroz = ferocious
guerra = war
ciego = blind
rey = king
abarcar = to cover
playa = beach

IV. NOTAS GRAMATICALES Y EJERCICIOS COMUNICATIVOS:

A. The Present Tense of "Ir"(to Go):

	a la iglesia
	a la ciudad
	al pueblo (*)
	al centro
Voy	al gimnasio
	a las montañas
	a la Florida
	a la piscina
	al cine
	a casa

(*) Note: a + el (the) = al (contraction)

de + el (the) = del.

These are the only 2 contractions in Spanish:"al" and "del".

The other words do NOT contract: a la, a los, a las, de la, de las, de los.

Notice that almost always the preposition "a" is placed right after all forms of "ir".

EJERCICIOS

1. Lean uds.:

	ir
	tomar el sol
	ver una película
	comer en un restaurante
Voy a	pasar las vacaciones con mi papá
	jugar naipes
	practicar el violín
	visitar a mis abuelos

	con Jaime
	con Dorotea
	con tu mamá
	al centro
	a la ciudad
Vas	a la escuela
	a la playa
	a jugar al baloncesto
	a mirar la televisión

a preparar una comida
a esquiar en el lago
a visitar el museo
a leer el periódico

2. Answer each question either affirmatively or negatively.

For example: ¿Vas a esquiar en Colorado?
Sí, voy a esquiar allí.
No, no voy a esquiar allí.

1. ¿Vas a ver un partido de béisbol?
2. ¿Vas a repetir las palabras?
3. ¿Vas a visitar la capital?
4. ¿Vas a bailar?
5. ¿Vas a escuchar el radio?
6. ¿Vas al centro?
7. ¿Vas al parque?
8. ¿Vas a la playa?
9. ¿Vas a Europa?
10. ¿Vas a comer de prisa?

al cine
al partido de fútbol
al centro
al restaurante
a la ciudad
Va   a la piscina
a hacer ejercicios en el gimnasio
a visitar a su amigo
a pasear por la ciudad
a jugar al golf
a ir a una fiesta

3. Make the preceding statements into questions, ask a classmate and the classmate will answer.

mudarnos a Carolina del Norte
pasar el tiempo solos
ir de excursión a las montañas
pasear por la ciudad
ganar el campeonato
Vamos a (al)   ver películas
viajar a Nueva York
casa
la ciudad
la iglesia
estadio
cine
océano

4. Answer each question

For example:

¿Van José y María a la fiesta? —Sí, van a la fiesta.

¿Van Uds. al partido? —Sí, vamos al partido.

1. ¿Van a jugar al casino?
2. ¿Van a hacer la tarea?
3. ¿Van a ver el programa?
4. ¿Van al cine?
5. ¿Van a California?
6. ¿Van Uds. al parque?
7. ¿Van Uds. a la discoteca?
8. ¿Van Uds. a practicar deportes?
9. ¿Van Uds. a contestar el cuestionario?
10. ¿Van Uds. al café?

There are two contractions in Spanish only: "a" followed by "el" becomes "al":

-    Voy AL cine.

The other will be explained later.

The verb "ir" = to go is an irregular verb. The conjugation of "ir" is as follows:

(yo) voy	(nosotros) vamos
(tú) vas	(vosotros) vais
(él, ella, Ud.) va	(ellos, ellas, Uds.) van

"Ir" is translated into English as:

I go, I do go, I am going	We go, We do go, We are going
You go, You do go, You are going	You go, You do go, You are going
He, She, You go, do go, are going	They, You go, do go, are going.

B. Stem-Changing Verbs:

B-1. Group No. 1: –e to –ie. Most common stem-changing verbs "–e to –ie" are: cerrar, comenzar, empezar, entender, pensar, perder, preferir, querer.

Repeat:

Yo	cierro
	comienzo
	empiezo
	entiendo
	pienso
	pierdo
	prefiero
	quiero

1. Change the infinitive to the "yo" form of the present tense:

	cerrar
	comenzar
	empezar
	entender
Yo	pensar
	perder
	preferir
	querer

Repeat:

	cierras
	comienzas
	empiezas
	piensas
Tú	entiendes
	prefieres
	quieres
	pierdes

2. Change the infinitive to the "tú' form of the present tense:

	cerrar
	comenzar
	empezar
	pensar
Tú	entender
	perder
	preferir
	querer

Repeat:

	cierra
	comienza
	empieza
él	piensa
ella	entiende
Ud.	pierde
	prefiere
	quiere

3. Conjugate the infinitive to the "él', "ella", "ud." form Of the verb in the present tense:

	cerrar
	comenzar
él	empezar
ella	pensar
Ud.	entender

perder
preferir
querer

Repeat:

cerramos
comenzamos
empezamos
Nosotros   pensamos
Nosotras   entendemos
perdemos
queremos
preferimos

4. Conjugate in the "nosotros" form of the present tense:
cerrar
comenzar
empezar
Nosotros   pensar
Nosotras   perder
preferir
querer
entender

Repeat:

cerráis
comenzáis
empezáis
Vosotros   pensáis
Vosotras   entendéis
perdéis
queréis
preferéis

Repeat:

cierran
comienzan
ellos   empiezan
ellas   piensan
Uds.   entienden
pierden
quieren
prefieren

5. Change the infinite to "ellos", "ellas", "uds." form of the present tense:
cerrar
comenzar

ellos	empezar
ellas	pensar
Uds.	entender
	perder
	querer
	preferir

B-2. Group No. 2: –o to –ue: Most common verbs of this type are:
almorzar, dormir, encontrar, morir, mostrar, poder, recordar and volver.

Repitan:

	duermo
	encuentro
	muestro
yo	puedo
	recuerdo
	vuelvo
	muero

1. Say the "yo" form of these infinitives:

	encontrar
	mostrar
yo	recordar
	poder
	volver
	dormir
	morir

Repitan:

	duermes
	encuentras
	muestras
	puedes
tú	recuerdas
	vuelves
	mueres

2. Say the "tú" form of the following infinitives:

	encontrar
	mostrar
	recordar
tú	poder
	volver
	dormir
	morir

Repitan:

	encuentra
	muestra
él	recuerda
ella	puede
Ud.	vuelve
	duerme
	muere

3. Say the "él, ella, ud." form of the following infinitives:

	encontrar
	mostrar
	recordar
él, ella, Ud.	poder
	volver
	dormir
	morir

Repitan:

encontramos
mostramos
recordamos
podemos
volvemos
dormimos
morimos

4. Say the "nosotros" form:

	encontrar
	mostrar
	recordar
nosotros	poder
	volver
	dormir
	morir

Repitan:

	encontráis
	mostráis
	recordáis
vosotros	podéis
	volvéis
	dormís
	morís

5. Say the "vosotros" form:

	encontrar
	mostrar
	recordar
vosotros	poder
	volver
	dormir
	morir

Repitan:

	encuentran
	muestran
	recuerdan
ellos	pueden
ellas	vuelven
Uds.	duermen
	mueren

6. Say the "ellos, ellas, uds." form:

	encontrar
	mostrar
	recordar
ellos, ellas, Uds.	poder
	volver
	dormir
	morir

V. CULTURAL CAPSULE: LOS DEPORTES:

Sports are as important to Spanish-speaking speakers as they are to American fans. Football, or soccer as we call it in the States, is the most popular sport in both Spain as in Latin America and it is considered the national sport. Kids are practically born with a soccer ball in their feet! This is also one of the main topics of conversation in the families. Uruguay, Argentina and Brazil have won the World Cup for their countries on several ocassions, and they are all very proud of it. The "aficionados" are very passionate about their national teams and they do follow the entire process from the first qualifying round to the World Cup single elimination matches step by step. They know by name all of the players in their national teams as if they were members of their own family! In Europe, England, Italy and Germany are regular power houses and so are Argentina and Brazil in Latin America. Cycling is another very popular sport in Europe as well.

Basketball has been catching up of late in the Catalonia region and surroundings. Baseball, on the other hand, is not important in Europe but it is the most popular sport in Mexico, Venezuela and the Caribbean basin. It is a sport that is constantly followed by everybody in these countries and it is played a great deal in Puerto Rico, the Dominican Republic and Cuba. North American baseball players play in Latin America in winter, when baseball is off season in the States. Many American baseball stars are of Cuban, Puerto Rican and Dominican origin. Some of the important names in baseball come from this area, among them: Minny Miñoso, Pedro Ramos, El Duque, Sammy Sosa, José Candelario, Tony Pérez, Mike Cuéllar, Luis Aparicio, Roberto Figueroa, Pedro Martinez, Luis Aparicio, Manny Ramirez, and many others.

The jai-alai, the game that uses a ball, a basket and three walls, is also a very popular sport in Spain and Latin America. It originated in the Basque region of Spain, where it is still a very popular sport. ✪

Weather

I. TIPS: COGNADOS:

More Spanish word building exercises include the English suffix "ing". English words ending in "ing" end in Spanish "ando", for the ar ending verbs, and "iendo" for the er and ir ending groups. The Spanish suffixes are attached to the stem of the ar verbs ("ando"), v.g. bail-ar = bailando, cantar = cantando, etc.; and er and ir verbs ("iendo"), v.g. aprend-er = aprendiendo, comer = comiendo, etc., and abr-ir = abriendo, vivir = viviendo, etc.

When a verb stem ends in a vowel, v.g. ca-er, tra-er, le-er, cre-er, etc., the i changes to y to avoid a tripthong (or 3 vowels together): cayendo, trayendo, leyendo, creyendo, etc.

Also keep in mind that when a word ending in "ing" follows a preposition, the infinite, not the "ando" or "iendo" ending, is used.

For example: para leer = for reading, upon seeing = al ver, after learning = después de aprender, etc.

A. Temperatura:

¿Qué tiempo hace? Es enero. Hace frío.

En enero...

1. ¿Qué tiempo hace en Madrid?
2. ¿Qué tiempo hace en Tijuana?
3. ¿Qué tiempo hace en Nueva York?
4. ¿Qué tiempo hace en Buenos Aires?
5. ¿Qué tiempo hace en Miami?
6. ¿Que tiempo hace en París?
7. ¿Qué tiempo hace en Roma?
8. ¿Qué tiempo hace en San Juan?
9. ¿Qué tiempo hace en Quebec?
10. ¿Qué tiempo hace en Londres?

¿Qué tiempo hace? Hace calor en Buenos Aires.

En el invierno		calor
En el otoño		fresco
En el verano	hace	frío
En la primavera		viento
En agosto		sol
En febrero		
En abril		
En octubre		

Mi cumpleaños es el primero de enero

es . . .

B. Hacer un viaje: Matching:

Muchos aviones	una agencia de viajes
Port Authority de Nueva York	un agente de viajes
Perillo Tours	el aeropuerto
Lou Perillo	las aduanas
Un inspector	un pasaje de ida y vuelta
A San Francisco y vuelta	la estación de autobuses
Viajar a otro país	alquilar o rentar un auto
Greyhound	el pasaporte
La agencia Hertz	Ir en barco
Viajar por las Islas Antillas	Ir en autobus
Pasear por una avenida	Ir en taxi
Hacer una reservación	en el hotel

C. Lugares de Veraneo: Matching places:

Acapulco	La Playa Redondo_____
La Costa del Sol	Puerto Rico_____
Luquillo	La Costa Brava_____
Monte Carlo	California_____
Isla Verde	Cancún_____

Malibú	España_____
Waikiki	La América Central_____
Costa Rica	México_____
Punta del Este	Francia e Italia_____
Carnota	Hawaii_____
Los Angeles	Cuba_____
España	Puerto Rico_____
México	Uruguay_____
Varadero	España_____

II. VOCABULARIO DE LOS POEMAS:

Poema 1:

estrella = star
hermosa = beautiful
noche = night
cubrir = to cover
cielo = sky
chusma = deck hands
arrancar = to pull our, remove
suelo = floor, land
izar = to raise
desvelar = to lose sleep
acudir = to attend
doquier = everywhere
hado = food
halagar = to please
crujir = to crunch
olas = waves
volar = to fly

Poema 2:

asustarse = to be scared
fijarse = to fix
nido = nest
hueco = hole
piedra = stone
traer = to bring
adornar = to adorn
llanura = plain
mirar = to look at
estremecer = to tremble
batir = to move wings, fly
adelantar = to put foreward
lecho = bed
prole = descendents

preparar = to prepare
prado = meadow
mullido = fluffy, soft
sagrado = sacred
ave = bird

Poema 3:

anillo = ring
clarear = to shine brightly
sombrear = to darken
profunda = deep
crespúsculo = dusk
vespertino = late afternoon
matinal = morning
platino = silver
porvenir = future
engarzar = to embroider
miedo = fear
dedo = finger
glisar = to fix permanently
alma = soul

A. Poemas:

1. "Al partir"

por

Gertrudis Gómez de Avellaneda

¡Perla del mar! ¡Estrella de occidente!
¡Hermosa Cuba! Tu brillante cielo
la noche cubre con su opaco velo,
como cubre el dolor mi triste frente.

¡Voy a partir!... La chusma diligente,
para arrancarme del nativo suelo,
las velas iza, y pronta a su desvelo
la brisa acude de tu zona ardiente.

¡Adiós!, ¡patria feliz, edén querido!
¡Doquier que el hado en su furor me impela,
tu dulce nombre halagará mi oído!

¡Adiós!... Ya cruje la turgente vela...
¡El ancla se alza... El buque, estremecido,
las olas corta y silencioso vuela! ✪

2. "El ave y el nido"

por

Salomé Ureña de Henríquez

¿Por qué te asustas, ave sencilla?
¿Por qué tus ojos fijas en mí?
Yo no pretendo, pobre avecilla,
llevar tu nido lejos de aquí.

Aquí, en el hueco de piedra dura,
tranquila y sola te vi al pasar,
y traigo flores de la llanura
para que adornes tu libre hogar.

Pero me miras y te estremeces,
y el ala bates con inquietud,
y te adelantas, resuelta, a veces,
con amorosa solicitud.

Porque no sabes hasta qué grado
yo la inocencia sé respetar,
que es, para el alma tierna, sagrado
de tus amores el libre hogar.

¡Pobre avecilla! Vuelve a tu nido
mientras del prado me alejo yo;
en él mi mano lecho mullido
de hojas y flores te preparó.

Mas si tu tierna prole futura
en duro lecho miro al pasar,
con flores y hojas de la llanura
deja que adorne tu libre hogar. ✪

3. "Anillo"

por

Delmira Agostini

Raro anillo que clarea,
raro anillo que sombrea
una profunda amatista.

Crepúsculo vespertino
que en tu matinal platino
engarzó esplendido artista.

El porvenir es de miedo...
?Será tu destino un dedo
de tempestad o de calma?

Para clarearte y sombrearte,
!Si yo pudiera glisarte
en un dedo de mi alma...! ✪

B. Cierto o Falso?

1. Cuba es una isla bonita _____
2. Cuba es "la perla del mar" _____
3. La poeta no está triste _____
4. La poeta abandona Cuba_____
5. La poeta se va en un barco _____
6. La poeta le habla a un pájaro _____
7. La poeta no va a robarle el nido_____
8. El ave conoce a la poeta_____
9. Los pájaros protegen su nido _____
10. La poeta quiere ayudar al ave _____
11. La poeta escribe sobre un anillo_____
12. El anillo es de diamante _____
13. El artista hizo el anillo_____
14. El anillo es símbolo de compromiso _____
15. Tenemos miedo del futuro _____

C. Preguntas Personales. ?Cierto o Falso?

1. Yo sé lo que es el exilio _____
2. Yo viajé a una isla_____
3. Cuba no está en el Mar Caribe _____
4. Yo viajé en barco_____
5. No me gusta el mar _____
6. Yo he visto pájaros en su nido _____
7. Me gusta ayudar a los animales_____
8. Los animales temen a los niños_____
9. Los nidos están en los árboles _____
10. Hay muchos animales en el bosque _____
11. El anillo simboliza matrimonio _____
12. El porvenir nos da miedo _____
13. El crepúsculo es el atardecer_____
14. Los anillos son muy caros_____
15. Yo tengo un anillo _____

D. ESCOJA:

1. La poeta del Poema # 1
   a. no es de Cuba
   b. escribe un soneto
   c. escribe mucho

2. Esta poeta
   a. tiene que dejar Cuba a la fuerza
   b. se va de vacaciones
   c. está alegre

3. La poeta del Poema # 2
   a. quiere hablar con el ave
   b. quiere ayudar al ave
   c. no le gustan los animales

4. Esta poeta
   a. está triste
   b. vive en la Florida
   c. quiere mejorar nidos

6. La poesía
   a. se escribe en sonetos
   b. puede ser muy larga
   c. trata siempre de las aves.

7. El artista del anillo
   a. está comprometido
   b. es Dios
   c. está enamorado

8. El anillo es de
   a. diamantes
   b. ópalo
   c. amatista

9. El color de la amatista
   a. es azul
   b. es verde
   c. es violeta o morado

III. VOCABULARIO GENERAL:

ojos = eyes
libre = free
flores = flowers
duro = hard
tierna = tender
mano = hand
mientras = while
pobre = poor

saber = to know
porque = because
hasta = until
amorosa = lovely, tender, dear
resuelta = decided
sola = alone
sencillo, simple
mar = sea
cortar = to cut
silencioso = quiet
ancla = anchor
nombre = name
amatista = amethyst
poder = to be able to
para = in order to, for

IV. NOTAS GRAMATICALES Y EJERCICIOS COMUNICATIVOS:

A-1. Uses of the Verb "ser" (to be):
1. Leer en español:

  1. ¿De dónde es el Príncipe William?_____

  2. ¿De dónde es Julio Iglesias?_____

  3. ¿De dónde es Jennifer López?_____

  4. ¿De dónde es Arnold Schwartznegger?_____

  5. ¿De dónde es Cristina Kirschner?_____

  6. ¿De dónde es El Rey Fahid?_____

  7. ¿De dónde son tus antepasados?_____

  8. ¿De dónde es Ud?_____

  9. ¿De qué son las ventanas? (de vidrio)_____

  10. ¿De qué son los centavos? (de cobre)_____

  11. ¿De qué son los billetes? (de papel)_____

  12. ¿De qué son los dólares de moneda? (de plata)_____

  13. ¿De qué es el reloj del millonario? (de oro)_____

  14. ¿De qué es la chaqueta? (de cuero)_____

  15. ¿De qué es el suéter? (de lana)_____

  16. ¿Quién es el presidente de los E.E.U.U.?_____

  17. ¿Quién es la reina de Inglaterra?_____

  18. ¿Quién es el gobernador de Nueva Jersey?_____

  19. ¿Quiénes son dos cantantes?_____

  20. ¿Quiénes son Uds.?_____

  21. ¿Son altos tus padres?_____

  22. ¿Son amarillos los plátanos?_____

  23. ¿Son importantes las elecciones?_____

  24. ¿Son Uds. estudiosos?_____

  25. ¿Son Uds. felices?_____

  26. ¿Eres amable?_____

27. ¿Eres simpático? _____
28. ¿Es Ud. malo? _____
29. ¿Es necesario trabajar? _____
30. ¿Es interesante leer? _____
31. ¿Es importante escribir? _____
32. ¿Es bueno decir la verdad? _____
33. ¿Es la una de la tarde? _____
34. ¿Son las dos de la mañana? _____
35. ¿Son las ocho de la noche? _____
36. ¿Qué hora es? _____
37. ¿A qué hora es el concierto de Bon Jovi? _____
38. ¿Cuándo es el examen? _____
39. ¿Cuál es la fecha de hoy? _____
40. ¿Cuándo es tu cumpleaños? _____

"Ser" EXPRESSES:
1. nationality
2. place of origin
3. what something is made of
4. occupation
5. personality or traits of people or things
6. expressions conveying "Es bueno"
7. time of day
8. dates

A-2:   Uses of the verb "estar" (to be):

2. Leer en español:
   1. Harvard está en Massachussetts. _____
   2. El Museo del Prado está en Madrid _____
   3. El Palacio de Buckingham está en Londres _____
   4. La Casa Blanca está en Washington _____
   5. El aeropuerto está lejos de aquí _____
   6. El profesor está en clase ahora _____
   7. La mochila está debajo del escritorio _____
   8. La estación de autobuses está cerca _____
   9. ¿Cómo estás? _____
   10. Estoy bien _____
   11. No estoy bien _____
   12. El viejo está cansado _____
   13. Estamos contentos _____
   14. Están dispuestos _____
   15. El café está caliente _____
   16. La ventana está abierta _____
   17. Está triste _____
   18. Está preocupado _____
   19. Está nervioso _____

20. Estamos satisfechos _____

21. Está ansioso _____

22. Está nublado _____

23. Está lluvioso_____

24. Está despejado _____

25. Estoy mirando la tele _____

26. Está comiendo rápido _____

27. Estamos buscando los servicios _____

28. Estamos celebrando la graduación _____

29. Están aprendiendo español_____

30. Están escribiendo las frases _____

"Estar" is used to convey

  a. location

  b. health

  c. temporary conditions

  d. physical state of being

  e. some weather expressions

  f. Present Progressive Tense

3. What are the word differences being conveyed in the following sentences by choosing to use "ser or estar":

A	B
Es nervioso	Está nervioso
Es feliz	Está feliz
Es aburrido	Está aburrido
Es malo	Está malo
Es listo	Está listo
Es seguro	Está seguro

B. Present Participles:

"*ing*" words.

ar Verbs:

buscar	buscando
mirar	mirando
estudiar	estudiando
participar	participando
aceptar	aceptando

1. Now give the present participle for the following infinitives:

bailar_____

hablar _____

confesar _____

ignorar _____

practicar _____

jugar _____

llamar _____
preguntar _____
cantar _____
llevar _____
tomar _____
explicar_____
caminar _____
asustar _____
anunciar_____

–er and –ir Verbs:

er Verbs:

comer	comiendo
aprender	aprendiendo
beber	bebiendo
correr	corriendo

2. Now give the present participle for the following infinitives:
comprender _____
deber _____
ver _____
caber _____
doler _____
conocer_____
saber _____
vender_____
reconocer _____
hacer_____

ir Verbs:

escribir	escribiendo
recibir	recibiendo
asir	asiendo

3. Now give the present participle of the following infinitives:
vivir_____
definir_____
abrir _____
describir _____
salir _____
escupir _____
asistir _____
compartir _____
resistir_____
decidir_____

Here are some irregular participles:

creer   creyendo
leer   leyendo

Note that when the item of a verb ends in a vowel (v.g. cre –er; tra –er, etc.), the –i in "iendo" changes to a –y: traer = trayendo

4. Fill in:
   caer_____
   huir_____
   oir_____
   traer_____
   ir_____

C. Stem-Changing Present Participles:

e to *i:*

servir   sirviendo
decir   diciendo
pedir   pidiendo
preferir   prefiriendo
seguir   siguiendo
conseguir   consiguiendo

o to *u:*

dormir   durmiendo
morir muriendo
poder pudiendo

These present participles are translated –*ing* in English.

For ar words the present participle is –ando.

For *er* and *ir* verbs the present participle ending is –*iendo*.

The ending –*yendo* is reserved for words whose stem ends in a vowel to avoid a tripthong (or 3 vowels together).

Study the stem-changing present participles.

D. The Present Progressive tense:

Make a sentence choosing a form of "estar" plus the present participle and finish with a direct object noun;

	mirando	la ventana
	buscando	el español
	sirviendo	billetes
estoy	pidiendo	la verdad
	comiendo	el béisbol
estás	aprendiendo	una carta
	diciendo	más cerveza
está	estudiando	la televisión
	hablando	la radio
estamos	jugando	la comida

estáis	vendiendo	una ventana
	comprando	camisetas
están	escribiendo	a Juan
	abriendo	al chico

1. _____
2. _____
3. _____
4. _____
5. _____
6. _____
7. _____
8. _____
9. _____
10. _____
11. _____
12. _____
13. _____
14. _____
15. _____
16. _____
17. _____

Make up your own sentences in the present progressive:

1. _____
2. _____
3. _____

Note: A direct object noun receives the action of the verb. If the direct object noun is a person, the "personal a" is placed directly before the direct object noun;

EXAMPLE:

"Yo veo a Juan" (I see John); "Le estamos escribiendo una carta a los muchachos".
Should "el" be used the personal "a" contracts with "el" to form "al";

EXAMPLE:

"Yo traigo al niño". All other personal "a" used with definite articles are "a la",
"a los", "a las". The personal "a" is not used after "tener" or any of its conjugations.
When the direct object noun is not a person, "a" is never used;
for example:
"Yo veo la silla".

E. Direct Object Pronouns:

As you know pronouns take the place of nouns. Direct object pronouns take the place of direct object nouns.

Tengo *el diccionario.*	Lo tengo.
Tengo los diccionarios.	Los tengo.
Tengo la maleta.	La tengo.
Tengo las maletas.	Las tengo.

1. Replace the direct object nouns with a direct object pronoun:

	el aeropuerto.	/	
	el hotel.	/	
Busco	el alojamiento.	/	Lo busco.
	al chico	/	
	al hombre	/	
	al empleado.	/	

Note: "Lo" could mean it (masculine), him or you (when speaking to a male), and it is placed directly before the conjugated verb.

	la pensión	/	
	la estación de buses	/	
	la agencia	/	
Veo	la tienda	/	La veo.
	a la profesora	/	
	a la mujer	/	
	a la señorita	/	
	a Elena	/	

Note: "La" could mean it (feminine), her and you (when speaking to a female), and it is placed directly before the conjugated verb.

	los monumentos	/	
	los centros	/	
Visito	los lugares	/	Los visito
Visitas	los museos	/	Los visitas
Visita	los parques	/	Los visita
Visitamos	a los padres de Marta	/	Los visitamos
Visitáis	a los primos	/	Los visitáis
Visitan	a Juan y a Pepe	/	Los visitan
	a Miguel y a Antonio	/	

	las plumas	/	
	unas libretas	/	
Necesito	unas camisas	/	Las necesito
Necesitas	las pelotas	/	Las necesitas
Necesita	las cartas	/	Las necesita
Necesitamos	las revistas	/	Las necesitamos
Necesitáis	las maletas	/	Las necesitáis
Necesitan	a las profesoras	/	Las necesitan
	a las damas	/	
	a las muchachas	/	

Note: "Los" and "las" mean "them". All direct object pronouns must agree in gender and in number with the direct object nouns that they are replacing. Remember that they are placed directly in front of the conjugated verb.

2. Repeat:

busca
ve
mira
quiere
Me   buscan
ven
miran
quieren
esperan

Note: English "me" is "me" in Spanish.

quiero, quiere, queremos, quieren
necesito, necesita, necesitamos, necesitan
veo, ve, vemos, ven
Te   hablo, habla, hablamos, hablan
ayudo, ayuda, ayudamos, ayudan
visito, visita, visitamos, visitan

Note: English direct object pronoun "you" is "te" in Spanish.

trae, traen
dice, dicen
Nos   ve, ven
habla, hablan
visita, visitan

Note: English "us" is "nos" in Spanish.

Do not confuse direct object pronouns with subject pronouns. Study the following chart:

Subject Pronoun	**Direct Object Pronoun**
Yo	me
Tú	te
Él, ella, Ud.	lo (masculine), la (feminine) (*)
Nosotros	nos
Vosotros	vos
Ellos, ellas, Uds.	los, las

Remember that "lo" and "la" also mean it, "los" and "las" also mean them.

F. Position of Direct Object Pronouns as Objects of Infinitive;

3. Repeat:

Quiere verme, buscarme, entregarme, traerme
Quiere verte, buscarte, entregarte , traerte
Quiere verlo, buscarlo, entregarle, traerlo
Quiere verla, buscarla, entregarle, traerla

Quiere vernos, buscarnos, entregarnos, traernos
Quiere veros, buscaros, entregaros, traeros
Quiere verlos, buscarlos, entregarlos, traerlos
Quiere verlas, buscarlas, entregarlas, traerlas

4. Repeat exercise with the following:
Necesita...
Desea...
Espera...
Prefiere...
Pide...
Me quiere ver
Te quiere ver
Lo quiere ver
La quiere ver
Nos quiere ver
Os quiere ver
Los quiere ver
Las quiere ver

Me necesita ver

...desea...
...espera...
...prefiere...
...pide...

Note: A point to remember is that when we are dealing with a conjugated verb, the pronoun is always placed in front of the verb.

However, when working with two verbs, the pronoun may be placed either in front of the first verb or attached to the second verb. For example:

Lo tengo

But:

Quiero ver*lo* o *Lo* quiero ver
Estoy trayéndo*las* o *Las* estoy trayendo.

5. Repeat:
Estoy comiéndolo
Estamos mirándola
Están trayéndolos
Estás visitándome
Estoy estudiándolo
Estamos buscándolas
Estáis diciéndolo
Estoy viéndote
Está hablándonos
Está limpiándola

Lo estoy comiendo
La estamos mirando
Los están trayendo
Me estás visitando
Lo estoy estudiando
Las estamos buscando
Lo estáis diciendo
Te estoy viendo
Nos está hablando
La está limpiando

Note: The direct object pronoun is either attached to the present participle or placed directly in front of "estar" in the present progressive tense.

6. Rewrite the following sentences substituting the direct object nouns with direct object pronouns:

EXAMPLE: Estoy mirando la televisión = Estoy mirándola
        o = La estoy mirando

1. Están comiendo los tacos._____
2. Estoy escribiendo la carta _____
3. Está buscando el libro _____
4. Estoy discutiendo el cuento _____
5. Estamos usando los zapatos _____
6. Estamos celebrando el nuevo año _____
7. Están preparando la comida_____
8. Estás diciendo la verdad _____
9. Está oyendo los gritos _____
10. Estamos leyendo dos libros_____

V. CAPSULA CULTURAL: CENTIGRADE AND FARENHEIT

In the same way that we use the Farenheit scale to measure temperature in the United States, in Latin America, Spain and throughout Europe in general the Centigrade scale is used to gauge temperature. In the Centigrade system, '0' degrees is the freezing point. If the weather announcer in Spain says temperature in Madrid is 25 degrees, you can be sure it is a hot day!

In order to calculate equivalencies between Centigrade and Farenheit, remember 32 degrees Farenheit is the freezing point in our system. So if you have 0 degrees Centigrade the equivalent temperature is 32 degrees Farenheit. Always add 32 degrees to the Centigrade temperature plus the difference times 2 from 0 degrees. For example: if it is 10 degrees Centigrade in Spain today the Farenheit equivalent will be 10 +32 +10 = 52 degrees Farenheit. Likewise, if it is 20 degrees Centigrade in Latin America the Farenheit equivalent will be 20 + 32 + 20 = 72 degrees Farenheit.

Try it yourself:

If the temperature is 5 degrees in Spain, the Farenheit equivalency will be _____ degrees.

If it is 2 degrees in Buenos Aires, Argentina, located in the Southern Hemisphere in Latin America, the Farenheit equivalent will be_____ degrees.

In the Americas, between the North and South hemispheres, opposite seasons occur. When in New York it is winter, it is summer in Santiago de Chile, and viceversa. ✪

The Economy

I. TIPS: COGNADOS:

Words of formal study ending in English "ology" end in Spanish "ología". So, "sociology" is transformed into "sociología".

How Do you Say the Following in Spanish?

Psychology _____

Anthropology _____

Archeology _____

Biology _____

People who study these disciplines ending in English "ologist", end in Spanish "ólogo". Study the following:

Sociologist	=	sociólogo
Psychologist	=	psicólogo
Biologist	=	biólogo
Anthropologist	=	_____
Archeologist	=	_____

Criminologist	=	_____
Astrologist	=	_____
Astronomist	=	_____

Likewise, words of ideas ending in English *–ism,* end in Spanish in *ismo.* Examples are "capitalismo", "nacionalismo", "optimismo", etc.

A. Put a Check Under What josé and/or Alicia are Taking with Them or Just Leave Blank:

Es enero: José va de vacaciones a Puerto Rico.
¿Qué pone él en su maleta?_____

Es enero: Alicia va de vacaciones a Puerto Rico.
¿Qué pone ella en su maleta?_____

		José	Alicia
1.	Un abrigo de invierno	_____	_____
2.	Los 'bluejeans'	_____	_____
3.	Cinco blusas	_____	_____
4.	Dos bolsas	_____	_____
5.	Un par de botas	_____	_____
6.	Unos calcetines	_____	_____
7.	Cuatro camisas	_____	_____
8.	Ocho camisetas	_____	_____
9.	Una chaqueta	_____	_____
10.	Tres faldas	_____	_____
11.	Un par de guantes	_____	_____
12.	Un impermeable	_____	_____
13.	Las medias	_____	_____
14.	Los pantalones cortos	_____	_____
15.	La ropa interior	_____	_____
16.	Las sandalias	_____	_____
17.	Un sombrero	_____	_____
18.	Dos suéteres	_____	_____
19.	Un traje	_____	_____
20.	Seis trajes de baño	_____	_____

B. Describe Something or Somethings:

	barato, -a, -os, -as
	bueno, -a, -os, -as
	caro, -a, -os, -as
¿Qué es?	elegante, -s
	interesante, -s
¿Qué son?	importante, -s
	grande, -s
	hermoso, -a, -os, -as
	largo, -a, -os, -as
	loco, -a, -os, -as

nuevo, -a, -os, -as
pobre, -s
rico, -a,-os, -as

... es _____.

...son _____.

1. _____
2. _____
3. _____
4. _____
5. _____
6. _____
7. _____
8. _____
9. _____
10. _____
11. _____
12. _____
13. _____
14. _____
15. _____

C. Colores:

Repitan:

amarillo
anaranjado
rojo
rosado
morado
azul
verde
café
negro
gris
blanco

D. ¿Cuáles son los Colores de las Siguientes Escuelas?

For example: Los colores de la Universidad de Miami son verde, anaranjado y blanco.

1. Ohio State_____
2. Michigan_____
3. Michigan State_____
4. Penn State_____
5. William Paterson_____
6. Columbia_____
7. Montclair State_____
8. Rutgers_____
9. Brown_____
10. Princeton_____

E. What colors do you associate with the following?

1. la muerte
2. la felicidad
3. el dinero
4. un niño
5. una niña
6. el amor

II. VOCABULARIO DEL POEMA:

vihuela = guitar
desvelar = to lose sleep
pena = sorrow
ave = bird
cantar = to sing, song
consolarse = to console yourself
pedir = to ask for
ayudar = to help
pensamiento = thought
refrescar = to refreshen
aclarar = to clear up
entendimiento = thinking ability
venir = to come
lengua = tongue
anudarse = to tie up
turbar = to upset
vista = eye sight, view
ver = to see
cansarse = to get tired of
recular = to backtrack

A. Poema:

"Martín Fierro"

por
José Hernández

Aquí me pongo a cantar
al compás de la vihuela,
que el hombre que lo desvela
una pena estraordinaria
como el ave solitaria
con el cantar se consuela.

Pido a los Santos del Cielo
que ayuden mi pensamiento;
les pido en este momento
que voy a cantar mi historia
me refresquen la memoria
y aclaren mi entendimiento.

Vengan Santos milagrosos,
vengan todos en mi ayuda,
que la lengua se me anuda
y se me turba la vista;
y pido a Dios que me asista
en una ocasión tan ruda.

Yo he visto muchos cantores,
con famas bien obtenidas,
y que después de adquiridas
no las quieren sustentar
parece que sin largar
se cansaron en partidas.

Mas donde otro criollo pasa
Martín Fierro ha de pasar;
nada lo hace recular
ni los fantasmas lo espantan,
y desde que todos cantan
yo también quiero cantar.

Cantando me he de morir
cantando me han de enterrar,
y cantando he de llegar
al pie del eterno padre:
desde el vientre de mi madre
vine a este mundo a cantar.

Que no se trabe mi lengua
ni me falte la palabra:
el cantar mi gloria labra
y poniéndome a cantar,
cantando me han de encontrar
aunque la tierra se abra.

Me siento en el plan de un bajo
a cantar un argumento:
como si soplara el viento
hago tiritar los pastos;
con oros, copas y bastos
juega allí mi pensamiento.

Yo no soy cantor letrao,
mas si me pongo a cantar
no tengo cuando acabar
y me envejezco cantando:
las coplas me van brotando
como agua de manantial.

Con la guitarra en la mano
ni las moscas se me arriman,
nadie me pone el pie encima,
y cuando el pecho se entona,
hago gemir a la prima
y llorar a la bordona.

Yo soy toro en mi rodeo
y torazo en rodeo ajeno;
siempre me tuve por bueno
y si me quieren probar,
salgan otros a cantar
y veremos quién es menos.

No me hago al lao de la büeya
aunque vengan degollando,
con los blandos yo soy blando
y soy duro con los duros,
y ninguno en un apuro
me ha visto andar titubeando.

En el peligro, ¡qué Cristos!
el corazón se me enzancha,
pues toda la tierra es cancha,
y de eso nadie se asombre:
el que se tiene por hombre
donde quiere hace pata ancha.

Soy gaucho, y entiendaló
como mi lengua lo explica:
para mí la tierra es chica
y pudiera ser mayor;
ni la víbora me pica
ni quema mi frente el sol.

Nací como nace el peje
en el fondo de la mar;
nadie me puede quitar
aquello que Dios me dio
lo que al mundo truje yo
del mundo lo he de llevar.

Mi gloria es vivir tan libre
como el pájaro del cielo:
no hago nido en este suelo
donde hay tanto que sufrir,
y nadie me ha de seguir
cuando yo remonto el vuelo.

Yo no tengo en el amor
quien me venga con querellas;
como esas aves tan bellas
que saltan de rama en rama,
yo hago en el trébol mi cama,
y me cubren las estrellas.

Y sepan cuantos escuchan
de mis penas el relato,
que nunca peleo ni mato
sino por necesidad,
y que a tanta adversidad
sólo me arrojó el mal trato

Y atiendan la relación
que hace un gaucho perseguido,
que padre y marido ha sido
empeñoso y diligente,
y sin embargo la gente
lo tiene por un bandido... ✪

B. ¿Cierto o Falso?

1. El gaucho canta su propia canción_____
2. La música consuela a los hombres_____
3. El gaucho pide ayuda a la religión_____
4. El gaucho quiere recordar bien_____
5. El nombre del gaucho es José Fierro_____
6. El gaucho nació para cantar_____
7. Cuando empieza a cantar nunca termina_____
8. El gaucho no quiere entrar en competencias_____
9. El gaucho ha estado en muchos peligros_____
10. El gaucho vive dentro de su casa_____

C. Preguntas Personales. ¿Cierto o Falso?

1. Yo canto en el baño de vez en cuando_____
2. La música ayuda a vivir_____
3. Yo he viajado por Sur América_____
4. En Latino América se habla español_____
5. Los gauchos son los "cowboys" hispanos_____
6. Los gauchos usan sombrero y "jeans"_____

7. Yo conozco el poema "Martín Fierro"_____

8. El gaucho del poema tiene familia_____

9. La vida del campo es peligrosa_____

10. Los gauchos viven en la interperie_____

D. ESCOJA:

1. Los gauchos
   a. son los "cowboys" de la Argentina
   b. no trabajan con toros y vacas
   c. viven en haciendas

2. "Martín Fierro"
   a. es un poema corto
   b. trata de la vida de los gauchos en la Pampa
   c. es un soneto

3. José Hernández
   a. vivió en España
   b. estudió comercio
   c. fue un poeta argentino

4. Los gauchos
   a. trabajan en el campo
   b. trabajan en haciendas
   c. vivían una vida muy dura

5. Este poema
   a. lo escribió un español
   b. es un poema interesante
   c. es un poema lento.

III. VOCABULARIO GENERAL:

relación = story
gaucho = South American cowboy, mainly from Argentina
necesidad = need
pelear = to fight
matar = to kill
querellas = complaints
mayor = larger, older
víbora = snake
pez = fish
saltar = to jump
nacer = to be born
encontrar = to find
mosca = fly
pecho = chest
toro = bull
salir = to go out
oros, copas y bastos = symbols found in a deck of cards

faltar = to lack
parecer = to seem
vientre = belly

IV. NOTAS GRAMATICALES Y EJERCICIOS COMUNICATIVOS:

A. Numbers 101 and Higher:

cien = 100
ciento diez = 110
doscientos = 200
trecientos = 300
cuatrocientos = 400
quinientos = 500
seiscientos = 600
setecientos = 700
ochocientos = 800
novecientos = 900
mil = 1,000
diez mil = 10,000
cien mil = 100,000
un millón = 1,000.000
un millón de dólares = $1,000.000
dos millones de dólares = $2,000.000

1. What years do you associate with the following?
1. La Declaración de Independencia_____
2. La primera persona en la luna _____
3. La Guerra del Golfo _____
4. La Magna Carta_____
5. La Colonia de Plymouth_____
6. La Primera Guerra Mundial _____
7. La Segunda Guerra Mundial_____
8. La Guerra en Vietnam _____
9. La Guerra Civil _____
10. La Guerra Hispano-Americana_____

B. The Preterit Tense of Regular Verbs:

The preterit tense conveys action in the past. Like the present tense, there are verb endings attached to the stem of the verb to signify person and number. Study the following model verbs.

hablar		comer		vivir	
hablé	hablamos	comí	comimos	viví	vivimos
hablaste	hablasteis	comiste	comisteis	viviste	vivisteis
habló	hablaron	comió	comieron	vivió	vivieron

Note that -er and -ir verbs have identical endings. The preterit tense is translated in English many times as a verb with an -ed ending: "look", "looked", or with the word did placed in front of the verb: "did look".

For example:

Elena miró la revista = Helen looked at the magazine.
OR
Helen did look at the magazine.

	Yo	Tú	él, ella, Ud.	nosotros	vosotros	ellos, ellas, Uds.
-ar	-é	-aste	-ó	-amos	-asteis	-aron
-er	-í	-iste	-ió	-imos	-isteis	-ieron
-ir	-í	-iste	-ió	-imos	-isteis	-ieron

1. **Conjugate the following –ar verbs to agree with the subject:**
    tomar usar costar tratar confesar
    1. yo _____
    2. tú _____
    3. él_____
    4. nosotros _____
    5. vosotros_____
    6. ellos _____

2. **Conjugate the following –er and –ir verbs in the preterite tense:**
    aprender sufrir vender escribir
    1. yo _____
    2. tú _____
    3. él_____
    4. nosotros _____
    5. vosotros_____
    6. ellos _____

3. **Say the infinitive of the following verbs:**
    1. hablaste_____
    2. confesé _____
    3. comió_____
    4. vendieron _____
    5. cooperó _____
    6. necesitamos _____
    7. aprendimos_____
    8. usó _____
    9. recibiste_____
    10. descubrió_____
    11. cerré_____
    12. cerró_____
    13. recordaron _____
    14. bebieron _____
    15. discutí _____
    16. traté _____
    17. informamos _____
    18. confesó _____

19. vendiste_____

20. hiciste _____

Note that the "e>ie" and "o>ue" stem changing verbs change only in the present tense not in the preterit.

EXAMPLE: cerrar

Present tense	Preterit
cierro	cerré
cierras	cerraste
cierra	cerró
cerramos	cerramos
cerrasteis	cerrastéis
cierran	cerraron

volver

Present tense	Preterit tense
vuelvo	volví
vuelves	volviste
vuelve	volvió
volvemos	volvimos
volvéis	volvisteis
vuelven	volvieron

C. Indirect Object Pronouns

Indirect object pronouns are the same as direct object pronouns except for 3rd person singular and plural.

EXAMPLE:

me, te, *le*, nos, os, *les*

Translations are:

me	=	to, for me
te	=	to, for you (familiar)
le	=	to, for him, her, you (formal)
nos	=	to, for us
os	=	to, for you (plural)
les	=	to, for them, you (formal plural)

Indirect Object Pronouns regularly refer to people. The irregular verbs "dar" and "decir" are often used with indirect object pronouns.

dar		**decir**	
doy	damos	digo	decimos
das	dais	dices	decís
da	dan	dice	dicen

Indirect Object Pronouns follow the same word order as direct object pronouns. Observe the following word order:

> Me da el dinero.
>
> Me quiere dar el dinero.
>
> Quiere darme el dinero.
>
> Me está dando el dinero.
>
> Está dándome el dinero.

Note: In order to emphasize or clarify meaning many times the indirect object pronoun is used redundantly with the prepositional phrase:

> a mí
>
> a ti
>
> a él (or a + the specific noun) a Juan
>
> a ella or a Elena or a la muchacha
>
> a Ud.
>
> a nosotros –as
>
> a vosotros –as
>
> a ellos
>
> a ellas
>
> a Uds.

EXAMPLES:

> **Me** prestó a mí su carro.
>
> **Te** prestó a ti su carro.
>
> **Le** prestó a él su carro.
>
> **Le** prestó a Juan su carro.
>
> **Le** prestó a ella (a María) su carro.
>
> **Le** prestó a Ud. su carro.
>
> **Nos** prestó a nosotros su carro.
>
> **Os** prestó a vosotros su carro.
>
> **Les** prestó a ellos su carro.
>
> **Les** prestó a ellas su carro.
>
> **Les** prestó a Uds. su carro.

1. Model sentences. Use the corresponding Indirect Object pronoun following the clue provided in the clarifier (a mí, a ti, a él, etc.) REPEAT:

Me dice a mí la verdad

> a ti
>
> a Ud.
>
> a él
>
> a ella
>
> a nosotros
>
> a vosotros
>
> a ellos

a ellas
a Uds.

Me compró a mí un regalo.
    a ti
    a Ud.
    a él
    a ella
    a nosotros
    a vosotros
    a ellos
    a ellas
    a Uds.

Me vende a mí su carro.
    a ti
    a Ud.
    a él
    a ella
    a nosotros
    a vosotros
    a ellos
    a ellas
    a Uds.

D. Demonstrative Adjectives

this	these
este	estos
esta	estas

1. Use the correct demonstrative adjective with these nouns.

este esta estos estas

1. _____libro
2. _____cuaderno
3. _____lápiz
4. _____pluma
5. _____chica
6. _____señora
7. _____libros
8. _____cuadernos
9. _____lápices
10. _____plumas
11. _____chicas
12. _____señoras

that	those
ese	esos
esa	esas

2. Use the correct demonstrative adjective with these nouns.

ese esa esos esas

1. _____perro
2. _____gato
3. _____amigo
4. _____profesora
5. _____botella
6. _____secretaria
7. _____perros
8. _____gatos
9. _____amigos
10. _____profesoras
11. _____botellas

The above demonstrative adjectives are far from the speaker but close to the recipient of the message:

that	those
aquel	aquellos
aquella	aquellas

3. Use the correct demonstrative adjective with these nouns.

aquel aquella aquellos aquellas

1. _____hombre
2. _____hijo
3. _____señor
4. _____señorita
5. _____hija
6. _____mujer
7. _____hombres
8. _____hijos
9. _____señores
10. _____señoritas
11. _____hijas
12. _____mujeres

The "aquel" demonstrative adjectives convey that the noun(s) is/are far from both speaker and receiver.

4. Make the following plural:

1. esa camisa_____
2. aquella montaña _____
3. este chico _____
4. ese autobús_____
5. aquel papel _____
6. esa profesora _____
7. ese cuaderno_____

8. esta maleta _____
9. este hombre _____
10. esa mujer_____
11. aquel libro_____
12. aquella ventana _____
13. esta botella _____
14. ese instrumento_____
15. aquel avión _____

Note that adjectives always modify the noun; are always found next to nouns and they agree with them in gender and number; they are never alone, by themselves:

Esta casa; estos libros; ese muchacho, aquellas cosas, etc.

E. Demonstrative Pronouns

Demonstrative pronouns are the same words as demonstrative adjectives except in writing they carry an accent over the first "e". Remember that pronouns stand in place of nouns, so they're always found alone!

For example: esta camisa (this shirt) = *ésta* (this one)

éste	éstos
ésta	éstas
ése	ésos
ésa	ésas
aquél	aquéllos
aquélla	aquéllas

1. **Use demonstrative pronouns for the following:**

1. este chico _____   estos chicos _____
2. este alumno _____   estos alumnos _____
3. este cuaderno _____   estos cuadernos _____
4. esta muchacha _____   estas muchachas _____
5. esta botella _____   estas botellas _____
6. esta mesa _____   estas mesas _____
7. ese discurso _____   esos discursos _____
8. ese señor _____   esos señores _____
9. ese papel _____   esos papeles _____
10. esa lección _____   esas lecciones _____
11. esa pluma _____   esas plumas _____
12. esa botella _____   esas botellas _____
13. aquel mensaje _____   aquellos mensajes _____
14. aquel libro _____   aquellos libros _____
15. aquel problema _____   aquellos problemas _____
16. aquella botella _____   aquellas botellas _____
17. aquella investigación _____   aquellas investigaciones _____
18. aquella página _____   aquellas páginas _____

V. CAPSULA CULTURAL: THE EURO

In January 2001, the recently formed European Union established the "euro" as its currency to benefit from a common monetary system among all of its members. By doing this, they dropped the old and sometimes hard to calculate individual national currencies which had been in existence for many years such as the French franc, the Italian lira, the Spanish peseta, and so on.

All of the European Union members now use these new euro bills of 5, 10, 20, 50, 100, 200, 500, and 1000 denomination. Curiously, there are no 1 euro bills and no 2 euro bills. The 1 and 2 euro currency exist only in coins which are different in size, the 2 euro being larger than the 1 euro. However, the 50 cents coin is also as large as the 2 euro coin, which makes it hard to differentiate between the two at times. The main difference is that the 2 euro coin is composed of silver too, and the 50 cents is not. There are also coin denominations of 1, 2, 5, 10 and 20 cents.

One very interesting feature that the euro has is that the coins differ from country to country. Therefore, the 1 and 2 euro coins, as well as the smaller denominations, show King Juan Carlos in Spain, the Brandenburg Gate in Germany, Lady Liberty in France, the Colisseum in Italy, the Lisbon's Tajus bridge in Portugal, the Eyre Harp in Ireland, the European Union building in Belgium, and so on. The 50 cents euro show Miguel de Cervantes, the great Spanish writer. The smaller coins, 5, and 2 and 1 cents all show the famous cathedral in Santiago de Compostela, destination of the well-known European and medieval "Milky Way". In the States, we now have quarter coins with the logo of each state in the Union. How do you like the idea of having dollar bills depicting features of each state in the Union as well?

As of April 2008, the euro was gaining so much strength that it has risen past 1.55 to the dollar, which literally means that you will not receive more than 50 euro cents for every dollar you exchange in Europe. As a direct result, America is now inundated with European and other tourists, who are taking advantage of the weak American currency. This is great to get to know other peoples in our own backyard and also to show them America first hand, but it is also more expensive for American tourists and students who want to travel now abroad. ✪

Housing

I. TIPS: WORDS, ACCENTS AND REGIONALISMS

Just like in English, the Spanish language contains many different accents depending on country or regions, level of education and social class. The main difference between the Spanish in Spain ("el castellano") and the Spanish you hear in Latin America is the sibilant sound "s" and the "c" sound before "e" and "i"; and "z". In Spain "ce", "ci" and "z" are pronounced like "th" in English. However, in Latin America and in the United States they are pronounced as "s".

Another main difference to consider is the vocabulary: Many regions in Latin America incorporate a native or local / regional vocabulary to their speech which at times makes it difficult to understand the language to the untrained ear. And sometimes even that vocabulary differs from area to area. For instance, the word "guagua" = "bus" is used in the Caribbean but in Mexico a "bus" is called a "camión". On the other hand, a "guagua" in Chile is a new born, a baby.

It is also good to keep in mind that there are also a lot of Arabic words in the Spanish language that begin with the prefix "al". For instance: "albóndiga", "alcohol", and "almohada". Likewise, a large number of words ending in "ma" are from Greek origin and are all masculine. They are used to designate technological topics, such as "el clima", 'el sistema', "el problema", and so forth.

Spanish is indeed a much varied and very rich language!

PARTES DEL CUERPO:

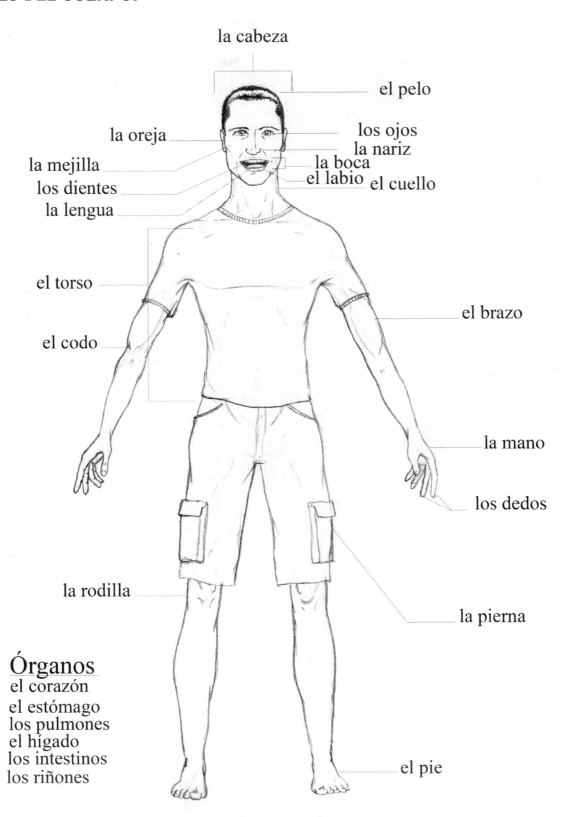

la cabeza

el pelo

la oreja

los ojos
la nariz
la boca
el labio el cuello

la mejilla
los dientes
la lengua

el torso

el brazo

el codo

la mano

los dedos

la rodilla

la pierna

Órganos
el corazón
el estómago
los pulmones
el hígado
los intestinos
los riñones

el pie

II. VOCABULARIO DEL POEMA:

follaje = foliage
verdura = greenery
pensamientos = thoughts
querer = to wish, want
lucha = fight
dormirá = will sleep
el recuerdo = memory
llorar = to cry
cárcel = jail
dejar = to leave, allow
llenar = to fill
suelo entranjero = foreign land
lejos = far
senderos = roads, path
rincón = corner
aguardar = to wait for
la esperanza = hope
adusto = severe
pájaros = birds
ver = to see

A. Poema:

A ORILLAS DEL SAR

Poema de Rosalía de Castro

A través del follaje perenne
que oir deja rumores extraños,
y entre un mar de ondulante verdura,
amorosa mansión de los pájaros,
desde mis ventanas veo
el templo que quise tanto.

El templo que tanto quise...,
pues no sé decir ya si le quiero,
que en el rudo vaivén que sin tregua
se agitan mis pensamientos,
dudo si el rencor adusto
vive unido al amor en mi pecho.

Otra vez, tras la lucha que rinde
y la incertidumbre amarga
del viajero que errante no sabe
dónde dormirá mañana,
en sus lares primitivos
halla un breve descanso mi alma.

Algo tiene este blando reposo
de sombrío y de halagüeño,
cual lo tiene, en la noche callada,
de un ser amado el recuerdo,
que de negras traiciones y dichas
inmensas, nos habla a un tiempo.

Ya no lloro...y no obstante, agobiado
y afligido mi espíritu, apenas
de su cárcel estrecha y sombría
osa dejar las tinieblas
para bañarse en las ondas
de luz que el espacio llenan.

Cual si en suelo extranjero me hallase,
tímida y hosca, contemplo
desde lejos los bosques y alturas
y los floridos senderos
donde en cada rincón me aguardaba
la esperanza sonriendo. ✪

B. ¿Cierto o falso?

1. La narradora escucha ruidos extraños _____
2. La narradora ve un templo _____
3. La narradora no tiene pensamientos opuestos _____
4. La narradora emplea imágenes de viajeros_____
5. Hay imágenes de emigración en el poema _____
6. El alma de la narradora no puede descansar _____
7. La narradora tuvo un amor infausto _____
8. Rosalía está llorando _____
9. Su espíritu se siente bien_____
10. Rosalía piensa estar en otro lugar _____

C. Preguntas personales. ¿Cierto o falso?

1. Rosalía está en su pueblo, a orillas del río Sar_____
2. En el pueblo de Rosalía hay mucho 'verde' _____
3. En las ventanas de Rosalía no hay pájaros_____
4. Hay una iglesia cerca de su casa _____
5. Ella siente amor y rencor en su pecho _____
6. Rosalía extraña a su amado _____
7. Rosalía no descansa por la noche _____
8. Cuando se ama no se descansa _____
9. Rosalía se siente prisionera_____
10. Ella sueña que está en otro lugar_____

D. Escoja:

1. La casa de Rosalía
   a. es grande
   b. está en la ciudad
   c. tiene una bella vista
2. Desde su casa ella ve
   a. muchos edificios
   b. una iglesia
   c. un supermercado
3. En este poema Rosalía recuerda
   a. a un amado
   b. a su familia
   c. a su madre
4. Este poema trata de
   a. la soledad
   b. los recuerdos
   c. el abuso doméstico
5. Rosalía se siente
   a. bien
   b. muy acompañada
   c. encerrada en una cárcel.

III. VOCABULARIO GENERAL:

orillas = banks, shores of a river
oir = to hear
mar = sea
ventanas = windows
tanto = so much
vivir = to live
amor = love
pecho = chest
rencor = hate
incertidumbre = uncertainty
saber = to know
lares = places
descansar = to rest
alma = soul
sombrío = dark
hablar = to speak
dicha = happiness
tener = to have
sonreir = to smile
no obstante = nevertheless

IV. NOTAS GRAMATICALES Y EJERCICIOS COMUNICATIVOS:

1. Pick out the word that does not fit
    1. cepillarse, lavar, peinarse, ducharse _____
    2. vestirse, la ropa, la toalla, la rutina _____
    3. las manos, la cara, los brazos, bañarse _____
    4. antes de, después de, por último, entonces _____
    5. por la mañana, más tarde, por la tarde, por la noche _____
    6. se acuesta, me peino, me visto, me ducho _____
    7. nos levantamos, nos lavamos, llamamos, te acuestas _____
    8. te maquillas, me afeito, te bañas, te despiertas _____
    9. se cepillan, se acuesta, se duermen, se bañan _____
    10. se viste, se ponen, se duerme, se ducha_____

2. Say a word that you can associate with the following:
    1. el baño_____
    2. el champú_____
    3. afeitarse_____
    4. el espejo_____
    5. el jabón _____
    6. la ropa _____
    7. el despertador_____
    8. la noche_____
    9. el agua _____
    10. el pelo _____

A. Reflexive Verbs

1. Repeat:

	cepillo los dientes
	ducho por la mañana
	lavo las manos
Me	levanto a las seis
	acuesto a la medianoche
	baño cada día
	pongo feliz
	pones la chaqueta
	duermes por la tarde
Te	levantas a las seis y media
	cepillas los dientes
	levantas inmediatamente
	pone triste
	duerme por la noche
Se	lava la cara
	viste de negro
	llama a Pedro

	lavamos
	sentamos
	despertamos
Nos	dormimos
	acostamos
	duchamos

	llamáis
	acostáis
	levantáis
Os	sentáis
	despertáis
	dormís
	vestís

	duermen
	visten
Se	levantan
	despiertan
	sientan

2. Use the correct reflexive pronoun with the following verbs:

me   te   se   nos   os   se

   1. ____ bañas
   2. ____ acostamos
   3. ____ siento
   4. ____ levanta
   5. ____ peina
   6. ____ duermen
   7. ____ lavan
   8. ____ vestimos
   9. ____ducha
  10. ____ despides
  11. ____ quito
  12. ____ pongo
  13. ____ prueban
  14. ____ preocupa
  15. ____ van

   ¡PIÉNSALO! Reflexive verbs express actions that bounce back to the subject. Most verbs can be reflexive, however, if the action does not refer back to the doer, do not make the verb reflexive. Many times reflexive verbs will change the meaning of the verb to a related action. For example: poner = to put, place; but ponerse = to put on, dress. The reflexive pronoun is placed before the conjugated verb, but is attached to the infinitive and present participle.

Reflexive verbs precede a conjugated verb but are attached on to infinitive and present participles. For example:

Me lavo

lavarme

lavándome

EXAMPLE: se pone, ponerse, poniéndose
Ella pone el libro en la mesa (NOT Reflexive)
BUT
Ella se pone el sombrero (Reflexive)

Note: Also, when you attach pronouns to a verb, a written accent is placed on the third vowel from the end of the present participle:

trayéndolo

3. Place the reflexive pronoun in the right position for the following verbs.

me te se nos

1. _____ levantar___
2. _____ levanto___
3. _____ levantando___
4. _____ llamar___
5. _____ llamas___
6. _____ llamando___
7. _____ baña___
8. _____ bañar___
9. _____ bañando___
10. _____ probamos___
11. _____ probar___
12. _____ probando___

B. Indefinite and Negative Words

Indefinite words:	algo = something, anything
	alguien = someone, anyone
	algún, o, a, os, as = some, any
	o... o... = either ... or
	siempre = always
	también = also, too
Negative words:	nada = nothing, not anything
	nadie = no one, not anyone
	ningún, o, a, os, as = no, none
	ni ... ni... = neither ... nor
	nunca = never
	jamás = never
	tampoco = neither, not either

1. Say the opposite of the following words:

1. nada _____
2. siempre _____
3. algo _____

    4. nadie _____

    5. también _____

    6. ningún _____

    7. alguien _____

    8. nunca _____

    9. algún _____

    10. tampoco _____

EXAMPLES: Ellos nunca me dieron el libro.

            Ellos no me dieron nada.

            Ellos no me dieron ninguna cosa tampoco.

            Ellas nunca ven esa película.

              BUT

            Ellas no ven esa película nunca.

Note: When the negative word precedes the verb, nothing else is necessary. But when the negative word follows the verb, another negative word is needed in front of the verb, since it is good in Spanish to use the double negative!

C. Preterit of "Ser" and "Ir"

    Fui a casa

    Fueron vendedores

    ?Fuiste a bailar anoche?

    Ella fue profesora durante muchos años.

Note that "ser" and "ir' have the same preterit. However, the verb "to go" is followed most of the time by the preposition a, since it is a verb of motion.

    Ser = to be

    fui = I was

    fuiste = you were

    fue = he was, she was

    fue = you were

    fuimos = we were

    fuisteis = you (pl.) were

    fueron = they or you (pl.) were

    Ir a = to go

    fui = I went

    fuiste = you went

    fui = he, she, you went

    fuimos = we went

    fuisteis = you (pl.) went

    fueron = they went

The preterit conjugations of 'ser" and "ir a" are homonyms.

D. Homonyms – same sound, different meaning

Homonyms are words with the same sound but with different meaning.

For example: To   two   too

1. Move from present tense to preterit tense
    1. Soy importante _____
    2. Soy ciudadano _____
    3. Soy millonario _____
    4. Soy alumno _____
    5. Soy guapo _____
    6. Soy gordo _____
    7. Soy delgado _____
    8. Voy a la playa _____
    9. Voy a Nueva York _____
    10. Voy al cine _____
    11. Voy al parque _____
    12. Voy a la universidad _____
    13. Voy a clase _____
    14. Eres bueno _____
    15. Eres malo _____
    16. Eres mi amigo _____
    17. Eres simpático _____
    18. Eres niño _____
    19. Es amistoso _____
    20. Es valiente _____
    21. Es abogado _____
    22. Es médico _____
    23. Es mi amigo _____
    24. Somos amigos _____
    25. Somos alumnos _____
    26. Somos inteligentes _____
    27. Somos importantes _____
    28. Somos viajeros _____
    29. Son enemigos _____
    30. Son antipáticos _____
    31. Son estudiosos _____
    32. Son aventureros _____
    33. Son interesantes _____
    34. Vas al mercado _____
    35. Vas a comer _____
    36. Vas a la escuela _____
    37. Vas a saludarla _____
    38. Vas a casa _____
    39. Va al centro _____
    40. Va con Elena _____
    41. Vas a tu habitación _____
    42. Va a ver el desfile _____
    43. Va a la playa _____
    44. Vamos al océano _____

45. Vamos al parque _____
46. Vamos al almacén _____
47. Vamos a ver nuestros amigos _____
48. Vamos a un restaurante _____
49. Van a la piscina _____
50. Van a las montañas
51. _____

E. The

1. C_____ioices.

   *me gu*_____ *_____canta (n)*

   1. _____
   2. _____
   3. _____ el pescado
   4. _____ el cine
   5. _____ la película
   6. _____ las chicas
   7. _____ los chicos
   8. _____ la Pepsi Cola
   9. _____ el vino rojo
   10. _____ el vino blanco
   11. _____ la cerveza
   12. _____ el té helado
   13. _____ el café
   14. _____ los conciertos de Rock
   15. _____ el Fillet Mignon
   16. _____ la langosta
   17. _____ los buenos restaurantes
   18. _____ las fiestas

2. Repeat the preceding exercise with "me", "a ... mí". Ask a question and somebody else answers:

   1. ¿Te gusta el español?_____
   2. ¿Te encantan las fiestas? _____
   3. ¿A ti te gusta el chocolate?_____
   4. ¿A ti te gustan las frutas?_____
   5. ¿A ti te gustan los deportes? _____
   6. ¿Te encanta la magia?_____
   7. ¿Te encantan las películas? _____
   8. ¿Te gusta cantar en el baño? _____

3. Connect the three columns in a logical sentence.

A mí me, me	aburre (n)	la ópera _____
A ti, te,	falta (n)	la música clásica_____
A ... le, le	molesta (n)	el dinero_____

A nosotros nos, nos	gusta (n)	diez pesos _____
A ... les, les	encanta (n)	las repiticiones _____
		la falta de respeto _____
		el coraje _____
		los viajes en autobús _____
		las personas deshonestas _____
		las legumbres _____
		ser pobre _____
		no saber más _____

1. _____
2. _____
3. _____
4. _____
5. _____
6. _____
7. _____
8. _____
9. _____
10. _____
11. _____
12. _____

4. Connect the three columns in a logical sentence:

A mí me, me	fascina (n)	la educación _____
A ti te, te	interesa (n)	la inteligencia _____
A ... le, le	importa (n)	la justicia _____
A nosotros, nos	gusta (n)	las humanidades _____
A ... les, les	encanta (n)	el dinero _____
		el respeto _____
		los actores _____
		la historia _____
		el arte _____
		la música _____
		la política _____

Note: Verbs conjugated in third person singular and plural using indirect object pronouns are:

aburrir
encantar
faltar
fascinar
gustar
importar
interesar
molestar
quedar

EXAMPLE:

Gustar = to like: Present Tense

me gusta (n)   nos gusta (n)
te gusta (n)   os gusta (n)
le gusta (n)   les gusta (n)

gustar: Preterit Tense

me gustó (aron)   nos gustó (aron)
te gustó (aron)   os gustó (aron)
le gustó (aron)   les gustó (aron)

"Gustar" and similar verbs are always conjugated in the 3rd person singular or plural, using Indirect Object Pronouns! Never use Subject Pronouns ("Yo, tú, nosotros, ellos" etc.) with them. With infinitives "gusta" is always singular: Me gusta <u>cantar</u>. With nouns, it could be singular ("gusta") or plural ("gusta<u>n</u>"), depending on the noun that follows, with which "gusta" must agree: ¿Te <u>gusta</u> <u>el tango</u>? (singular) ¿Te gusta<u>n</u> <u>las manzanas</u>? (plural)

V. CAPSULA CULTURAL: SPANISH HOUSING AND ARCHITECTURE:

Most Spaniards live in houses or in apartments in cities. A typical Spanish house is built around a courtyard and generally does not have a backyard. Middle class and upper class Spaniards live in urban areas while the poor people and "los campesinos" live in the countryside farming the land.

Spain has many beautiful "historic" sites such as "El Prado", "El Pardo", "La Sagrada Familia", "El Palacio Real", la "Plaza Mayor", "la Puerta del Sol", etc., in addition to many other palaces, castles, and cathedrals. All over Spain there is architecture which shows the influence of the Moors in Spain and that dates back many centuries. In the city of Córdoba, there is the famous "mezquita" and the great Moorish palace with its magnificent gardens: "la Alhambra" is located in Granada. Both Sevilla and Toledo cathedrals are one of a kind as well.

In Latin America, there is a lot of beautiful architecture also. The pyramids in Central America and Mexico and "El Zócalo" square in Mexico are impressive as well as the Inca ruins in Machu Picchu and the "Siete de Julio" Avenue in Buenos Aires, just to mention a few. Latin America has experienced a tremendous construction boom in its major cities in the last decades, thereby drastically transforming the architectural landscape.

Spain has recently became the center of architectural construction in Europe and this has totally transformed the Spanish economy and made it the number one growing economic power in the European Union. The latest Guggenheim museum in Bilbao, the new Convention Centers and Museum in Valencia, the Wine Hotels Centers in La Rioja, the City of Culture near Santiago de Compostela still under construction, the Barcelona waterfront renewal, the Seville World Fair, the "fosteritos" everywhere, named after the famous British architect, William Foster, all these new buildings have helped to change the old, traditional and conservative image of Spain in a very positive way! ✪

Food

I. TIPS: THE SPANISH LANGUAGE

The history and development of the Spanish language occurred over several hundreds of years corresponding with the invasions and migrations of other cultures and civilizations to the Spanish peninsula. The first influence of the Spanish peninsular language came from the Greeks who settled in southern Spain, near Cartagena. The next influence came from the Romans, from where the Spanish language in grammar and vocabulary derives. This is why Spanish is called a Romance language. Barcelona, Tarragona and Sevilla were main areas of influence. Spanish, in many ways, is the modern Latin of the Iberian peninsula. Other major influences came from the Arabic and now English. While Spanish is the main language of Spain, it is not its only language. As mentioned before, remember that the regions of Galicia, the Basque Provinces and Catalonia have their own "gallego", 'euskaro" and "catalonian" languages respectively. All three have original and famous literature that go back a long time. For instance, Galicia boasts of "la literatura galaico-portuguesa" with its famous 'cantigas de amor', 'cantigas de amigo' and the well-known 'cantigas a la Virgen María'.

"Gallego" is the least developed of the Romance languages and it is still has many similarities to Latin. When you hear 'gallego' it appears that you are hearing what medieval "castellano" spoken in Spain sounded like! "Catalonian" has a lot of French influence due to its proximity and cultural and economic relation with France. "Euskaro" is still a mysterious language with unknown origins.

A. Tell the Category of Each Item (whether they are "mariscos", "verduras", "frutas", "bebidas", "carne" o "pescado")

La langosta _____

El café _____

Las bananas _____

El agua mineral _____

La ensalada _____

El bistec _____

El salmón _____

La leche _____

La manzana _____

El cordero _____

El vino _____

La hamburguesa _____

El jugo _____

El pescado _____

Los frijoles _____

La lechuga _____

La cerveza _____

La naranja _____

Los camarones _____

El pollo _____

La chuleta de cerdo_____

El atún _____

Las mejillas _____

Coca-cola _____

Las arvejas _____

Los champiñones _____

El jamón _____

El agua mineral con gas _____

Las salchichas _____

Los refrescos _____

B. Make Up a Food List That You Will Serve at a Dinner Party You Are Hosting:

1. _____

2. _____

3. _____

4. _____

5. _____

6. _____

7. _____

8. _____

9. _____

10. _____

II. VOCABULARIO DEL POEMA:

hombres necios = silly men
mujer = woman
lo mismo = same thing
culpar = to blame
obrar = to act
incitar = to tempt
decir = to say
parecer = to seem
miedo = fear
buscar = to look for
consejo = advise
espejo = mirror
quejarse = to complain
burlarse = to mock
enfado = anger
alas = wings
hacer = to do, make
hallar = to find
mayor = greater, older
pecar = to sin

A. Poema:

REDONDILLAS

por
Sor Juana Inés de la Cruz

Hombres necios que acusáis
a la mujer sin razón,
sin ver que sois la ocasión
de lo mismo que culpáis:

si con ansia sin igual
solicitáis su desdén,
¿por qué queréis que obren bien
si las incitáis al mal?

Opinión, ninguna gana,
pues la que más se recata,
si no os admite, es ingrata,
y si os admite, es liviana.

Siempre tan necios andáis
que, con desigual nivel,
a una culpáis por cruel
y a otra por fácil culpáis.

Combatís su resistencia
y luego, con gravedad,
decís que fue liviandad
lo que hizo la diligencia.

Parecer quiere el denuedo
de vuestro parecer loco,
al niño que pone el coco
y luego le tiene miedo.

Queréis, con presunción necia,
hallar a la que buscáis,
para pretendida, Thais (1),
y en la posesión, Lucrecia (2).

¿Qué humor puede ser más raro
que el que, falto de consejo,
él mismo empaña el espejo
y siente que no esté claro?

Con el favor y el desdén
tenéis condición igual,
quejándoos, si os tratan mal,
burlándoos, si os quieren bien.

¿Pues cómo ha de estar templada
la que vuestro amor pretende,
si la que es ingrata, ofende,
y la que es fácil, enfada?

Mas entre el enfado y pena
que vuestro gusto refiere,
bien haya la que no os quiere,
y quejaos en hora buena.

Dan vuestras amantes penas
a sus libertades alas,
y después de hacerlas malas
las queréis hallar muy buenas.

¿Cuál mayor culpa ha tenido,
en una pasión errada:
la que cae de rogada
o el que ruega de caído?

¿O cuál es más de culpar
aunque cualquiera mal haga:
la que peca por la paga
o el que paga por pecar? ✪

(1) Famosa cortesana de la antigüedad.
(2) Ejemplo de la fidelidad matrimonial.

B. ¿Cierto (True) o falso?

1. Los hombres siempre acusan a las mujeres _____
2. Los hombres no tiene razón _____
3. Los hombres incitan a la mujer a hacer mal _____
4. Las mujeres siempre quedan mal _____
5. Los niños no le tienen miedo al Coco _____
6. Los hombres no son siempre culpables _____
7. Thais fue una esposa ejemplar _____
8. Los hombre siempre justifican su conducta _____
9. Las mujeres nunca tienen la culpa _____
10. El que paga por pecar tiene culpa también _____

C. Preguntas personales. ¿Cierto o falso?

1. ¿Cree Ud. que las apariencias engañan? _____
2. Muchos hombres abusan a las mujeres _____
3. Las mujeres acusan a los hombres _____
4. En unas relaciones hay que tener paciencia _____
5. ¿Ud. le tiene miedo al Coco? _____
6. Lucrecia fue una cortesana o prostituta _____
7. A las mujeres les gusta divertirse _____
8. Los hombres buscan mujeres perfectas para casarse _____
9. Siempre hay un balance en unas relaciones _____
10. ¿Tiene Ud. relaciones pasionales ahora? _____

D. Escoja (Choose):

1. Los hombres
    a. no son culpables
    b. siempre culpan a las mujeres
    c. tienen razón
2. Las mujeres
    a. siempre son inocentes
    b. no saben qué hacer
    c. tienen culpa
3. Las relaciones entre hombre y mujer
    a. son difíciles
    b. no deben ser claras
    c. deben ser iguales
4. Los hombres prefieren
    a. a la mujer ingrata
    b. a la mujer fácil
    c. a la mujer difícil
5. Las mujeres
    a. son fáciles
    b. son difíciles
    c. enfadan u ofenden.

III. VOCABULARIO GENERAL:

acusar = to accuse
razón = reason
ver = to see
sin igual = unmatched
ansia = desire
querer = to wish, want
bien = good
mal= evil
luego = then
diligencia = effort
poner = to put, place
pretender = to pretend
posesión = possession
falto = lacking
recato = Propriety
andar = to walk
desigual = uneven
amor = love
pena = suffering
libertad = freedom
pagar = to pay.

IV. NOTAS GRAMATICALES Y EJERCICIOS COMUNICATIVOS:

A. Double Object Pronouns

Indirect and Direct Object Pronouns in the same sentence:

Note: Indirect Object Pronouns: 'me', 'te', 'le', ' nos', 'os' and ' les' refer to people and many times direct object pronouns ('lo', 'los', 'la', 'las') refer to things, though not always. A rule of note is that in word order indirect object pronouns precede direct object pronouns. To remember this: people go before things in life.

EXAMPLES:

Mc lo da = He gives it to me.

Me lo quiere dar, quiere dármelo = He wants to give it to me

Me lo está dando, Está dándomelo = He is giving it to me.

Démelo Ud, dámelo tú = Give it to me

No me lo dé Ud., no me lo des tú = Don't give it to me.

1. **Change underlined direct object nouns into pronouns**

   1. Me das el resumen. _____
   2. Me sirvió la comida. _____
   3. Me dio los refrescos. _____
   4. Me mostró el mapa. _____
   5. Me escribió las cartas. _____
   6. Te di la respuesta. _____
   7. Te mostré el carro. _____
   8. Te escribí los mensajes. _____
   9. Te enseñé las cartas. _____

Note that *le* and *les* before *lo, la, los, las,* change to *se* and is clarified by a prepositional phrase such as *"a María"* or *"a él"*.

EXAMPLES:

a él = to him   a ella = to her   a ellos, a ellas = to them
a Uds = to you (pl).

Le dio a Roberto el vino ➔ Se lo dio (a Roberto or a él).
Le dio a María la falda ➔ Se la dio (a María or a ella).
Le dio a Ud. los libros ➔ Se los dio a (Ud).
Les dio a ellos las notas ➔ Se las dio (a ellos).
Les dio a Uds el agua ➔ Se la dio (a Uds).

2. **Change the underlined indirect object nouns into pronouns.**

   1. Quiere darlo a Juan.   *Quiere dárselo*
   2. Quiere enseñarla a José. _____
   3. Quiere servirlos a María. _____
   4. Quiere repetirla a ellos. _____
   5. Queremos darlo a Uds. _____
   6. Queremos darlas a ellas. _____
   7. Queremos escribirla a los alumnos. _____

8. Queremos decirla <u>a él</u>. _____

9. Quiere darle <u>el objeto</u>. _____

10. Quiere darle <u>la lección</u>. _____

11. Quiere servirles <u>los refrescos</u>. _____

12. Quere repetirles <u>las respuestas</u>. _____

13. Estoy leyendo <u>el libro al niño</u>. _____

14. Estoy repitiendo <u>las palabras a los alumnos</u>. _____

15. Estoy sirviendo <u>la paella a ellas</u>. _____

16. Estoy dando <u>los papeles a ella</u>. _____

17. Nos prepara <u>la comida</u>. _____

18. Nos enseña <u>las fotos</u>. _____

19. Nos repite <u>el mensaje</u>. _____

20. Nos da <u>los pesos</u>. _____

21. Quiere prepararnos <u>la comida</u>. _____

22. Quiere enseñarnos <u>las fotos</u>. _____

23. Quiere repetirnos <u>el mensaje</u>. _____

24. Quiere darnos <u>los pesos</u>. _____

B. Saber y Conocer: To Know

saber		**conocer**	
sé	sabemos	conozco	conocemos
sabes	sabéis	conoces	conocéis
sabe	saben	conoce	conocen

Like many other verbs saber and conocer are only irregular in the "yo" form of the present tense. They both mean "to know" but have different uses:

B-1: saber

To know a fact –» Sé que Madrid es la capital de España.
To know how to do something –» Sé ordenar comida china.

1. Make sentences stating facts:

Yo sé		Juan es bueno.
Sabes		el español es importante.
Sabe	que	Julio Iglesias canta bien.
Sabemos		María fue al centro.
Saben		Pedro va con nosotros.

1. _____
2. _____
3. _____
4. _____
5. _____

2. Tell what you know how to do:

sé   nadar_____

        cocinar_____

        pescar_____

manejar_____
jugar béisbol_____
tocar la guitarra_____

B-2: Conocer

To know a person or place –➤ Conozco a Juan desde la infancia.

To tell who or what city or state you are familiar with:

Conozco   a los alumnos en mi clase.
                    a Pablo.
                    al profesor.
                    Nueva York.

C. Comparison and Superlative:

1. Make simple sentences describing something or some person:

For example: Marta es bonita.
                  Pablo es popular.
                  El actor es rico.

1. _____
2. _____
3. _____
4. _____
5. _____
6. _____
7. _____
8. _____
9. _____
10. _____

C-1. Uneven Comparisons:

2. Now make sentences comparing the things or persons to other things or persons:

Note that one party has **más** (MORE) or **menos** (LESS) **than** the other. These are **uneven** comparisons:

For example:

Marta es más bonita que Isabel.
Pablo es más popular que Ramón.
El actor es menos rico que Bill Gates.
Ellos tienen menos de diez dólares.

Use **más** o **menos** followed by the adjective plus **que** (than) for uneven comparisons.

1. _____
2. _____
3. _____
4. _____
5. _____
6. _____
7. _____

8. _____
9. _____
10. _____

Note that the word order is:

Sustantivo verbo   más (or menos)   adjetivo   que   objeto directo
                    más o menos   de (before numbers)

Aquellos muchachos son menos estudiosos que éstos.
Sólo tengo menos de $10.

C-2: Even Comparisons:

Note that to express adjectives of equality we use the following:

José es *tan* popular *como* Miguel.
                    importante
                    interesante
                    rico
                    fuerte
                    alto
                    guapo
                    amable
                    simpático

The word order is:

Sustantivo verbo *tan* adjetivo *como* objeto directo.

Note adjectives must agree in gender and number with the noun that they are describing.
For example:

José es *tan* rico *como* Pedro.

        BUT

María es *tan* rica *como* Elena.
Ellos son tan ricos como Pedro.
Ellas son tan ricas como Pedro.

3. Make even comparisons using the following adjectives:

For example: Juan es *tan* trabajador *como* Miguel.

1. _____ (cariñoso)
2. _____ (inteligente)
3. _____ (amistoso)
4. _____ (buen entendedor)
5. _____ (aplicado)
6. _____ (diligente)
7. _____ (cooperador)
8. _____ (buen escritor)

9. _____ (mal perdedor)
10. _____ (capaz)

Note that when comparing nous we use *tanto, a, os, as* followed by the noun and *como*. Remember nouns and adjectives always agree!

tanto   dinero
tanta   importancia
tantos   libros
tantas   chicas

For example:

Papá tiene tanto dinero como Luís.
Carmen tiene tanta influencia como Juan.
Marta tiene tantos libros como Miguel.
Ellos tienen tantas corbatas como José.

4. Make even comparisons using the following nouns.

For example:

Ernesto tiene **tantas** camisas **como** Roberto.

1. _____(pantalones)
2. _____(calzoncillos)
3. _____(plata)
4. _____(dinero)
5. _____(corbatas)
6. _____(interés)
7. _____(habilidad)
8. _____(anillos)
9. _____(camisetas)
10. _____(fuerza).

C-3: The Superlative:

To form superlatives (adj + "est" = v.g. 'the smartest', 'the most intelligent') a definite article (*el, la, los, las*) is placed before *más* or *menos* followed by *de* after the noun.

For example: Mario es el más rico de todos.

ambicioso
popular
importante

Es la más rica de todas.

ambiciosa
popular
importante

Note that both the article as well as the adjectives must agree in gender and number with the noun, in this case, feminine plural, "muchachas". Look at "estas", "varias", "las", "capaces" and "todas":

Estas varias muchachas son las más capaces de todas.

Irregular comparative and superlative words are:

Adjective	Comparative	Superlatives	
bueno (good)	mejor (better)	el/la mejor (best)	
malo (bad)	peor (worse)	el/la peor (worst)	
grande (big)	mayor (older)	el/la mayor (oldest)	–Refers to age.
"	más grande	el/la más grande	–Refers to size.
pequeño (small)	menor	el/la menor	–Refers to age.
"	más pequeño	el/la menos pequeño	–Refers to size.

5. Make comparative sentences using irregular adjectives:

  1. *José es mayor que Juan.*
  2. _____(menor)
  3. _____(más alto)
  4. _____(menos gordo)
  5. _____(major atleta)
  6. _____(peor estudiante)
  7. _____(más bajo)
  8. _____(menos capaz)
  9. _____(mejor jugador)
  10. _____(más alegre)

6. Make superlative sentences:

  1. *José es el mejor jugador del equipo.*
  2. _____(más inteligente)
  3. _____(menos estudioso)
  4. _____(más delgado)
  5. _____(menos capaz)
  6. _____(mayor)
  7. _____(menor)
  8. _____(más alto)
  9. _____(menos gordo)
  10. _____(más alegre)

V. CAPSULA CULTURAL: SPANISH EATING HABITS

In America people usually eat breakfast in the morning, a light lunch around noon and a heavy dinner around 6.00 pm. In Spain and Latin America breakfast only consists of a large cup of coffee ("café con leche") and rolls with jam or jelly. Eggs are never eaten at breakfast time but are eaten instead at "la comida", the main meal of the day, usually around 2.00 pm. This meal usually consists of soup, a main course comprising 3 dishes, desert, coffee, and table wine. Many stores and business still close for three hours for lunch and siesta. However, many corporations as well as department stores now remain open during the entire day.

"La cena" (Dinner) is usually very light and is eaten after 9 pm. In Spain, the most interesting culinary habit is the so called "tapas", which are like snacks or appetizers. They differ in size ("tapas", the very small one; "ración" is the larger serving) as well as content. There are tapas made of "tortilla", "queso Manchego", "queso de tetilla", "jamón Serrano", "pulpo", "sardinas", "chipirones", etc. They are served with different varieties of local wine, La Rioja, Ribeiro and Ribera del Duero being three of the most popular ones. "Tapear" has even become an accepted verb in the Spanish language, and it is frequent to hear the expression: "Vamos a tapear" among the locals all the time.

Spaniards as well as most Latin Americans usually stay up until late in the night, past midnight, enjoying night life. ✪

Vocabulario Español a Inglés

A

a pesar in spite of

abarcar to cover

abrigo protection

abrir to open

achicharrarse to fry

aclarar to clear up

acogerse to welcome, to shelter

acordarme to remember

acudir to attend

adelantar to put foreward

adornar to adorn

agacharse to bend, squat

agua corriente running water

alcanzar to reach

alegre happy

aligerar to lighten up

alma soul

amatista amethyst

amenos entertaining

amorosa lovely, tender, dear

añadir to add

ancla anchor

andar to walk

anillo ring

anudarse to tie up

aposento room

apretados tight

árbol tree

arrancar to pull our, remove

arrancarse to pull out

asustarse to be scared

ave bird

ayudar to help

B

bailar to dance

bajel boat

baño bathroom

barrotes window bars

bastón walking stick

batir to move wings, fly

belleza beauty

billete ticket

bravo brave

C

caballero knight, gentleman

calor de infierno extremely hot

campo santo cemetery

cañón canon

cansarse to get tired of

cantar to sing, song

capa cape

caro expensive

casa house, home

casero landlord

centeno rye

cerca fence, near

cerebro brain

cereza cherry

cerrar to close

charlar to chat

chusma deck hands

ciego blind

cielo sky

cigarra cricket

cintura waist

clarear to clear up, brighten

clientela clients

cobre copper

codos elbows

coger to take

comprender to understand

con cuidado carefully

condenar to condemn

confín border

conocer to know

consolarse to console yourself

contar to tell, count

contra against

corazón heart

correr to run

cortar to cut

cosas things

crujir to crunch

cubrir to cover

cuentos stories

D

daño harm

dar to give

de rato en rato from time to time

deber to ought, must

decir to say

dedo finger

delfín dolphin

descuido carelessness

deseos wishes

desfacer to right

despecho in spite of

desproveida without

desvelar to lose sleep

diablo devil

dilingencia hard work, commitment

disímiles different

diurno day time

doquier everywhere

dote inheritance

duro hard

duros currency (read Dollars)

E

echar el bofe to be extremely tired

edificio building

el oro y el mono everything

empujar to push

en cuanto regarding

encontrar to find

enemigo enemy

enfermarse to get sick

engarzar to embroider

engullar to eat quickly

entender to understand

entendimiento thinking ability

entrar to enter

entuertos wrong

escaleras stairs

escalón step

esclavo slave

espalda back

espléndido splendid

estar to be

estrecho narrow

estrella star

estremecer to tremble

F

faltar to be lacking, missing

farmacia drug store

feroz ferocious

fijarse   to fix

filípicas   invective

flechas   arrows

flores   flowers

fuerza   force

G

galán   beau, attractive man

gaucho   South American cowboy, mainly from Argentina

gente   people

glisar   to fix permanently

golpear   to knock, hit

granero   granery

guardar   to keep

guerra   war

gusano   worm

gustar   to like

H

hacer   to do, make

hacerse el sueco   to play dumb

hado   food

halagar   to please

hasta   until

herencia   inheritance

hermosa   beautiful

herrador   iron worker

herradura   horse shoe

hija   daughter

holgazana   lazy

hormiga   ant

hueco   hole

I

indagar   to ask

invertir   to turn around, reverse

invierno   winter

izar   to raise

L

labios   lips

lavandería   laundry

lecho   bed

lectura   reading

leer   to read

lejos   far

lengua   tongue

ley   law

libre   free

limeñitas   young women from Lima, capital of Peru

llanura   plain

llaves   keys

luna   moon

M

malentendido   badly understood

manga   sleeve

mano   hand

mar   sea

marchar   to march

marido   husband

mariposa   butterfly

matar   to kill

matinal   morning

mayor   larger, older

meter   to put in

mientras   while

milagro   miracle

mirar   to look at

modo   way, manner

morral   bag

mosca   fly

mover   to move

muceta   formal dress, cap and gown

muchacha   girl

mudanzas   moving

mueble   furniture

muerto dead
mullido fluffy, soft
mundo world
murmurar to murmur

N

nacer to be born
nación country
nada nothing
navío boat
necesidad need
nido nest
noche night
nombre name

O

ocultar to hide
oido ear
ojos eyes
olas waves
olvidar to forget
oros, copas y bastos symbols found in a deck of cards

P

pagar to pay
palabras words
paliativo palliative, alleviate
para in order to, for
parecer to seem
patria fatherland
pecho chest
pedir to ask for
pelear to fight
pena sorrow
pendón flag
pensamiento thought
pensar to think
perder to lose

pereza lazyness, sloth
pez fish
pícaro rogue
pie foot
piedra stone
pintura paint
plantar to plant
platino platinum
playa beach
pobre poor
pobretón poor fellow
poder to be able to
poner to place, put on
por igual the same
porque because
poseer to possess
prado meadow
preparar to prepare
presa capture
prestar to lend
prisa hurry
proceder to come from, proceed
prole descendents
provisiones supply, stock

Q

querellas complaints
querer to wish

R

recordar to remember
recular to backtrack
referirse to refer to
refrescar to refreshen
reiterar to repeat, insist
relación story
relámpago lightening
relato story

rendir   to surrender
resuelta   decided
rey   king
ripostar   to answer
rodear   to surrender
ruido   noise
rumbo   direction

S
saber   to know
sagrado   sacred
salir   to go out
saltar   to jump
señalar   to point out
sencillo   simple
sentirse   to feel
silencioso   quiet
sin embargo   nevertheless
sobras   excess
sobrino   nephew
sola   alone
sombrear   to darken
sonreir   to smile
sonrosado   blush, to turn pink
sótano   basement
suegro   father in law
suelo   floor, land
sustento   food

T
tabique   partition
tareas   tasks
temer   to fear
temor   fear
témpano   iceberg

tienda   store
tierna   tender
tirar piedras   throw stones
toga   gown
torcer   to twist
toro   bull
trabajo   work
traer   to bring
trajín   work, task
transcurrir   to pass
trigo   wheat
tronar   to thunder
turbar   to blur

U
uña   nail
única   only

V
vacilante   hesitating
vecino   neighbor
velero   sail boat
venir   to come
ventanas   windows
ver   to see
verano   summer
viajero   traveler
víbora   snake
viento   wind
vientre   belly
vihuela   guitar
virar   to turn
vista   eye sight, view
vivir   to live
volar   to fly

Dr. Octavio DelaSuarée (at left), professor and chairperson, language and cultures department, The William Paterson University of New Jersey; and Dr. Kenneth Cappetta (at right), adjunct faculty in Spanish and academic support center specialist.